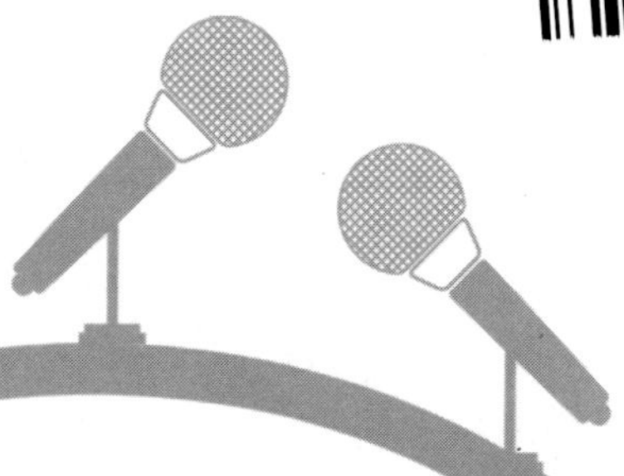

话说对了 事就成了

陈楠华 王怡文 汪广周◎编著

国家一级出版社 中国纺织出版社 全国百佳图书出版单位

内 容 提 要

一句话说对，一件事就成。话是否说对，还得讲究沟通技巧，见什么人说什么话，顾及不同的场合，这样才会让语言爆发出大于本身的力量。

本书分为四个部分，以语言策略、沟通技巧、沟通方式、沟通场合为主线，具体分析在特定情境下的语言沟通，给每一位需要提升说话技巧的人提供良好的示范。

图书在版编目（CIP）数据

话说对了，事就成了／陈楠华，王怡文，汪广周编著.
--北京：中国纺织出版社，2017.11 （2017.11重印）
ISBN 978-7-5180-3956-2

Ⅰ.①话… Ⅱ.①陈… ②王… ③汪… Ⅲ.①语言艺术—通俗读物 Ⅳ.①H019-49

中国版本图书馆CIP数据核字（2017）第206279号

责任编辑：闫 星　　特约编辑：李 杨　　责任印制：储志伟

中国纺织出版社出版发行
地址：北京市朝阳区百子湾东里A407号楼　邮政编码：100124
销售电话：010—67004422　传真：010—87155801
http：//www.c-textilep.com
E-mail：faxing@c-textilep.com
中国纺织出版社天猫旗舰店
官方微博http://weibo.com/2119887771
三河市延风印装有限公司印刷　各地新华书店经销
2017年11月第1版　2017年11月第2次印刷
开本：710×1000　1/16　印张：14.5
字数：174千字　定价：36.80元

前　言

古人云：“一言可兴邦，一言可丧邦。”说话当然是一门值得探究的学问。现代社会，竞争力不断提升，人与人之间的交际、你来我往的商业谈判常常在发生，而尴尬窘迫、故意挑衅的场合也是不胜枚举。在这样一些场合，“把话说对”就成为取胜的密钥。话说对了，说好话，会说话，将会大大提高一个人的说服力，而这恰恰是成功的关键。

话说对，事就成。众所周知，说话成为沟通最常见的交流方式，尽管沟通不一定要说话，但说话却占据着重要的地位。不管是工作中向领导汇报，还是与客户谈判；不管是生活中教育孩子，还是与伴侣交流；不管是交际中认识陌生人，还是与朋友亲密，这些都需要用语言传递信息，而且，话必须说对，才能让关系变得和谐，我们所希望的一些事情也才能成。因为几句话，办好一件事，也成为再容易不过的事情。

话说对，还得讲究沟通技巧。说话是人们传递信息和情感、增进彼此了解与友谊的基本方式，不过在沟通中想要把话说对却不是一件容易的事情。选好话题，若是与不太熟悉的人说话，最不容易的是选择什么样的话题；注意说话的技巧，提问与回答并用，以态势语言辅助，变换各种说话技巧，假如能持续聊 10 分钟并让对方产生兴趣，那便是良好的交际。

话说对，在于见什么人说什么话。每个人有着不同的心理特点、性格秉性和语言习惯，这就决定我们在与他们进行沟通的时候，需要采用不同的沟通方式、不同的话。与陌生人沟通，重要在于寒暄；与上司同事沟通，重要在于语言的简洁；与朋友沟通，重要在于语言赋予的深情。

话说对，需要顾及场合。否则，再好的话题，再优美的语言，不仅不会产生好的效果，反而会适得其反。比如在喜庆的场合，就别说令人丧气的话题；在别人伤心的时候，就别说逗乐的话题；在聊天的场合，就需要不断转换话题。

编著者

2017 年 1 月

目　录

Part 1　该怎样说，话就对了

Part 2　方法对了，话就对了

Part 3 见什么人，说什么话

Part 4　什么场合，怎么说

Part 1

该怎样说，话就对了

生活中的任何事情，可别毁在说话上。有句话叫做：话说对了，事就成了。做事不一定要说话，但说话却是做事最重要的一种沟通方式。一句话，就看你是否说对，是否说得好听，是否说得有理有据，是否说得有感情。

第01章　话得好听，良言一句三冬暖

话说对了，关键在于话好听。良好的口才是一个人的招牌，它可能会影响你的职位晋升、影响你的客户拓展，甚至影响你的一生的成功。可以说，说话有着非凡的人生意义，能力也是需要靠“说”表达出来的，而良好的人际关系也是从当众说话开始的。

一口漂亮话，成就非凡人生

对于说话这样如此简单而又极为普遍的一件事情，怎么会有非凡的人生意义呢？说话，首先意味着你把自己的形象完全地展现在公众面前，它就好像是展现一个人综合素质的一面镜子，也好似评价一个人能力以及水平的一把尺子。对于一个普通人来说，说话说得好，无疑会为你赢得良好的形象效应，自然而然地，你将会成为人们欢迎的对象，至于工作、爱情、理想还会远吗？显而易见，说话给每一个人都可以带来如此大的影响，难道说它给你的人生不能增添非比寻常的意义吗？

或许，有的人会有疑问：我既不是领导，也不是教师，我只是一个再普通不过的职员而已，说话对我不存在任何意义。可是，真的是这样吗？说话往往是伴随着一个人的职业发展悄悄地来到人们的面前，如果请你说出需要“说话”的职业，那么，你或许马上就会脱口而出“校长、主持人、老师、律师、明星、运动员……”可能，你所能想到的还会有许多。足以见得，说话已经成为了我们人生中的一部分，对此，套用英国前首相丘吉尔一句经典的话：“你能对着多少人讲话，你的人生将会有多精彩。”

有人说："成功的说话艺术成就了马云，成就了阿里巴巴。阿里巴巴的成功史，正是马云的当众说话史。"如果你对此还有什么疑惑，那么，去了解一下马云的经历吧，你将会知道，真实情况确实如此。

早在1995年，马云就意识到互联网是一座等待挖掘的金矿，他只有一个疯狂的念头：做互联网。在遭到所有朋友反对的情况下，马云只找到了一个搭档，加上自己的妻子，3人凑足了2万元启动资金，开始经营自己的第一家互联网公司。刚开始生意很困难，于是，马云开始了自己"说话"的生涯。在杭州的各个街头，他不得不站在那些大排档边上，口沫乱飞地讲述自己的梦想，过路的人都认为他是一个骗子。但是，马云无暇去注意别人对自己的评价，而是不屈不挠地讲自己的互联网梦想。慢慢地，他的业务开始艰难地发展起来，马云越讲越有名，他所做的"中国黄页"也越做越大。

就这样，在1999年4月15日，阿里巴巴上线，很快在商业圈里声名鹊起，马云开始在世界各地讲述互联网的梦想。

自始自终，马云一直当众讲述着自己的梦想，从杭州街头的大排档到整个世界，他所创造的就是"说话"的历史。如果更多的企业，如果企业中更多的员工，特别是领导人，也能具备这样一种"说话"的影响力，那么这对企业的发展将会起到什么样的推进作用呢？马云以自己的经历就作了最好的说明。

一位女士作了这样的自述：

我以前是学幼儿教育，毕业之后被分配在一家幼儿园做幼儿教师。因为工作出色，5年之后，单位提升我为教务主任。结果，我一上任就遇到了一个大难题：需要经常给老师们开会，但我一当众说话就紧张，开了一年的会还是如此，开会前总是睡不好觉，吃不好饭，心神不宁，真是痛苦不堪，最后我选择了辞职作为解脱。

案例中的女士，仅仅因为说话的关系，觉得自己的人生充满了苦恼。可见，说话确实给我们的人生带来了一些与众不同的东西，给人生带来了非比寻常的意义。

1.说话为人生的交际增添了色彩

二十一世纪是信息的时代，竞争异常激烈，机遇和风险并存。实力当然必不可少，但交际也有着相同重要的作用。人生中的交际离不开演讲与口才，特别是当众说话能力，这将是获得社会认同、上司赏识、下属拥戴、同事喜欢、朋友帮助的必要条件。如此一来，说话给人生交际增添了如此多的色彩。

2.说话为人生的事业构筑桥梁

美国前总统尼克松曾经说过："凡是我所认识的重要领袖人物，几乎全都掌握一种正在失传的艺术，就是特别擅长与人作面对面的交谈……一位领导人如果不能在交谈时吸引人、打动人，那么，他大概也说服不了人，因此也未必能成为领导人……"

在这里，说话无疑为领导者的事业构筑了桥梁。既然说话对领导者会有如此大的作用，那么对于一个普通人来说，所产生的在事业上的作用将会更大。

密钥

在现实生活中，尤其是对于领导者来说，如果说话能够说得生动精彩、引人入胜、打动人心，无疑会给听众留下难以忘怀的印象。甚至，可以塑造良好的领导形象，使自己的威信得到提高，使自己的权威得到增强。

坦然交流，开启幸福人生

许多人可能都不知道这样一个秘密：说话可以成为幸福生命的密钥。说话怎么可能为我们的生活带来幸福呢？在现实生活中，许多人是人前话不多，人后却是喋喋不休，他们对着天花板抱怨、对着窗户咒骂，内心所受的委屈以及伤痛瞬间涌现了出来，人们通常把这样的心情叫做“憋屈”。因为在大庭广众之下不敢说、不愿说，结果，自己受到的不公平待遇只能是“哑巴吃黄连——有苦说不出”。这些不敢说话的人，往往也是生活中总是感觉到自己不幸的那一类人。

说话，对人的情绪有一定影响，所以心中想什么，就应该大胆地说出来，如此才不会造成内心的压抑和憋屈。话说完了，心中的怨气也没有了，如此一来，你还会感觉到自己是不幸的吗？因此，我们可以说：幸福生命的密钥就是说话。

美国医药学会前会长大卫·奥门博士曾说过：“尽量培养出一种能力，使别人能够了解你的思想和感觉。学习在个人面前、团体面前、大众面前清晰地表达自己的思想和观念。在你通过不断努力而获得进步的时候，你便会发现：你——真正的你，正在人们心目中塑造一种前所未有的印象，产生前所未有的冲击。从这份处方中，你还会得到另外的好处。学会说话，会增强你的自信心，你整个人的性格会越来越温和，越来越美好。这将意味着你的情绪已渐入佳境。”这是他曾经开过的一个药方，当时，他还说了这样一句话：“在药房里抓不到，每个人得自己配，你要认为自己不行，那就错了。”

李女士是出了名的“撒气儿夫人”，她就职于一家大公司，并担任了办公室主任。在工作过程中，最让李女士头疼的就是处理纷繁复杂的人际关系。由于不擅长说话，笨嘴拙舌，她总是将公司里每天发生的那些不顺利的事情憋在心里，时间长了，她就养成了“上班受气、回家撒气”的习惯。无奈的家人送了一个“撒气儿夫人”的绰号给她，她与家人的关系也越来越糟糕。

李女士经常抱怨：“我觉得自己就是最不幸的人，在公司，要无端端地受别人的气，自己却大气不敢出；回到家，本想撒撒气儿，可家里人也不理解、不包容，我真是有苦无处说啊。”面对李女士的情况，心理医生表示说：“其实，心中有委屈就是要一吐为快，学会了说话，你的心情舒畅起来，工作也会顺心不少，家庭也会和睦起来。如此一来，那些所谓的不幸将会成为一种幸运。”

在生活中，诸如李女士的案例比比皆是，对此，心理学家指出：“假如一个人很有主见，当他受委屈的时候，会在第一时间表明自己的态度，就不会在心中郁积很多的愤怒。”然而，对于大多数中国人来说，他们习惯了忍气吞声，不愿意说出来，结果给自己内心积压了更多的压力和不满。因此，如果你和李女士一样，那么，请大声发表自己的意见与观点，说出来后，你的心里将会舒畅很多。说话，确实是你开启幸福生活的钥匙。

在生活中，许多人之所以会感觉到自己是不幸的，大多是因为内心自卑、缺乏勇气。而综合起来，就是不敢或不愿意说话，才会把自己推至到不幸的境地。说话可以为我们的生活带来很多新的改变，不管是情绪上的改变，还是心理的改变，这些改变都是很有必要的。

1.说话是培养一个自信和勇气的最佳方式

卡耐基先生说：“说话是培养一个人自信和勇气的最佳方式。”当一个人消除在一群人面前说话的恐惧之后，也会克服对自己、对别人以及对生活本身的恐惧。大多数人都有这样的体会：如果你站在许多人面前说话，说得听众频频点头，大家的目光都在赞许你，还有人在本子上记要点，在说话结束时听众对你抱以热烈的掌声，在散场时有人让你签名，有人会找你请教问题，你便会对自己产生新的价值认定，心中的自卑感会一扫而光，自信心将得以提高。

2.说话将为你减少内心郁积的怨气

对于那些总是憋屈地生活着的人来说，说话将会为你减少内心郁积的怨气。在心理治疗术里有一种办法叫做“空椅子”，就是告诉我们缓解压力的根本办法就是接纳自己、大胆表达自己的意见。对此，对于自己所受的委屈以及压力，我们应该真实地通过说话反映出来，如此，你才能感受到生命带来的幸运。

密钥

假如你觉得你的生命遭遇了不幸，或是升职无望，或是求职失败，或是向异性表白遭遇了拒绝等等，我相信，大卫·奥门博士所开出的药方——说话，都是十分适合你的。如果你能够真正地学会说话，那么你会发现，幸福的生活正在向你挥手呢。

潜藏的能力，有时靠说出来

虽然我们经常听到这样一句话“能力并不是只靠嘴巴说出来的”，但是不可否认的是，在很多时候，即便你具备优秀的能力，如果不说，别人又怎么会知道呢？所谓的有能力，有时也是靠“说话”说出来的。

俗话说：“酒香还怕巷子深。”更何况对于一个人所具备的能力呢？一个有远大志向且具备卓越能力的人，假如连话都不会说，他又怎么能向众人证明自己的能力呢？或许你会反驳，能力大多是通过“做”出来的，不过，对于那些埋头默默做事的人来说，若不具备一定水平的口才，那他所发挥出来的能力将会黯淡不少，甚至可以说，发挥出来的效果将减少一半。因此，如果你有能力，那么就更应该学会“说话”，如此，才会让你的能力得到最大限度的发挥。

小王是中学政治老师，在学校里，他可谓是最优秀的讲师了，不仅十分有能力，而且讲课的工夫特别棒。许多同事询问其秘诀，小王总是呵呵一笑：“秘诀就是要会说话，对于我们老师来说，既要肚子里有货，也要能倒得出来。即使一个老师很有学识，但若是不会说话，那他的能力是无法发挥出来的。”

对于说话，小王老师可以说是相当精通，就连“提问”，说起来也是学问颇深。他常常这样说：“我们在提问时，要分层提问，化难为易，化大为小，把课堂提问当作一门艺术，这样，我们才能够运筹帷幄地统领全局。另外，这样的提问方式也能够很好地结合学生的实际，作出有计划、有步骤的系统化的提问，层层深入地引导学生做思维的纵深发展。”

举一个简单的例子：

在一次政治课上，小王在讲到“商品”这个概念的时候，他设计了一连串由浅入深的问题来启发学生层层深入地了解。课一开始，小王就提问：“同学们，我们吃、穿、用的物品是哪来的？”学生异口同声地回答：“市场上买的。”小王老师接着问：“那市场上出售的商品又是从何而来？”有学生回答：“劳动而来的。”小王老师继续问：“所有的物品都是劳动产品吗？所有劳动产品都是商品吗？”学生们摇摇头，说不上来，小王老师问：“原因是什么呢？”这样几个问题一一回答下来，使得“商品”的外延范围越来越小，逐渐显示出了内涵。最后，小王老师轻松揭示了：“商品就是用来交换的劳动产品。”课程结束后，小王老师总结说：“这样的提问方式，循序渐进，能够带领学生轻松地跨越思维的台阶，学生比较容易接受。”

老师作为一种职业，更需要说话的技巧，其实，在生活中，还有许多职业都需要说话，诸如导游、主持人等等。对这一类职业的人来说，除了本身所具备的专业知识之外，还需要具备一项特殊的技能，那就是说话。因为只有通过说话，才能证明你自己的能力。就老师来说，即便是读了万卷书，但不懂得如何表达出来，学生还是会认为这不算多优秀的老师。因此，对于此类职业的人来说，尤其需要多做说话的练习，以此来证明自己的能力。

或许，有的人认为自己并不是老师，也不是导游，更不是主持人，只是一个做技术的员工，那自己肯定是不需要具备什么说话能力的。这样的想法是有偏差的，当然，如果你仅仅想成为一个默默无闻的员工，从来没有想过晋升职位或者是进一步增强自己的能力，那不具备说话能力也是可以的。但是，多少人愿意呆在一个岗位上平庸一辈子呢？

1.有的能力需要通过“说话”才能展露出来

以上我们已经说过了，有的职业需要通过“说话”才能展露能力，除了我们所说过的老师、导游、主持人，还有领导者。对于一个领导来说，他的能力、威信以及对下属的管理都是通过说话而表现出来的。因此，说话就会成为其不得不必备的一种技能。

2.有能力也需要大胆“说”出来

在生活中，有的人明明具备了优秀的能力，但是他总是表现得异常低调，似乎在等着伯乐来发掘自己。但是，现代社会，千里马向伯乐自荐的例子已经是不胜枚举，如果你总是不敢“说”出自己的能力，不愿意推荐自己，那么，你一身的本领将会被埋没。

密钥

即使你的能力只是需要靠“做”表现出来，但是，假如你不擅长说话，或许你的功绩将会被别人抢走，又或者你始终在原地踏步。因此，为了能够让自己的能力充分地发挥出来，我们应该学会说话，或是向领导推荐自己，或是向众人展露自己的能力。

凡事做得好不如说得好

成功大师戴尔·卡耐基说：“一个人的成功，15%取决于专业知识，85%取决于口才艺术。”现代社会，几乎已经不存在一个不需要口才的职业，随着社会的日益发展，诸如旅游、管理、服务等，这些行业越来越重视说话的作用。为什么说话会受此殊荣呢？其中，一个关键性的原因在于：言语的威力是做事的重要砝码。在现实生活中，只有会说话、会办事，别人才会接纳你、尊重你、帮助你实现愿望。

三国时期，邓芝受命出使东吴。他到了东吴，孙权对他很怀疑，因此不肯接见。过了两天，邓芝给孙权写了一封书信。孙权一看，只见信上写道：“臣来这里不是为了蜀国，而是为了吴国。若大王不愿见臣，臣就走了。”孙权犹豫不定，一些大臣也都想刁难一下邓芝。后来，孙权采纳了张昭“先给邓芝个下马威”的意见，在殿前放一个沸腾的油鼎，命武士各执兵器，站立在两侧，召邓芝入见。

邓芝听孙权召见他，便从馆舍出来，毫无惧色，昂首走入大殿。邓芝进入殿内，就对孙权说：“我特为吴国利害而来，大王却设兵置鼎，以拒一儒生，可见大王度量太小。”孙权听后，觉得很惶愧，忙令人赐坐。邓芝问道：“大王欲与魏和呢？还是与蜀和呢？”孙权说：“孤非不欲和蜀，但恐蜀主年幼国小，不足敌魏。”邓芝侃侃道：“大王为当世英雄，诸葛亮亦一代豪杰。蜀有山险关隘，吴有三江，若互为唇齿，进可兼并天下，退可鼎足峙立。如大王甘心事魏，魏必然会征大王入朝，索王子做质子，一不从命，便起大兵讨伐，那时蜀国再顺江东下，臣恐大王两面受敌，江东之地不能复有了，请大王熟思！”为赢得孙权的信任，表示诚意，邓芝又说：“若大王以为愚言是不可取的谎言，吾愿立即死在大王面前，以杜绝说客之名。”说着，撩起衣服，就装做向油鼎跳去。孙权忙令人将邓芝拦住，请入后殿，以上宾之礼相待。

在上面这个案例中，邓芝单枪匹马与吴国谈判，在大殿上，坦然直言，侃侃而谈，以自己的勇气加上言语的技巧，铸成了整个谈判的成功。再回过头来想想在邓芝出发之前，诸葛亮那镇定自若的神态，我们就可以预测邓芝肯定会凭借着自己三寸不烂之舌，将这件事做得十分漂亮，而最终的结果也确实是这样。

约翰固执地爱上了商人的女儿柯尼亚，但柯尼亚始终拒绝正眼看他，因为他是个古怪可笑的驼子。这天，约翰找到柯尼亚，鼓足勇气问："你相信姻缘天注定吗？"柯尼亚眼睛盯着天花板答了一句："相信。"然后反问他，"你相信吗？"他回答："我听说，每个男孩出生之前，上帝便会告诉他，将来要娶的是哪一个女孩。我出生的时候，未来的新娘便已经配给我了。上帝还告诉我，我的新娘是个驼子。我当即向上帝恳求'上帝啊，一个驼背的妇女将是个悲剧，求你把驼背赐给我，再将美貌留给我的新娘'。"当时，柯尼亚看着约翰的眼睛，内心深处的某些记忆被搅乱了。她把手伸向他，之后成了他最挚爱的妻子。

一个驼子决定向一个美丽的女子求婚，可能，你在听说这个故事的时候，也会忍俊不禁。但是，约翰却以自己的言语的威力将这件事做成功了，他那深情款款的语言打动了美丽的姑娘，最终，柯尼亚成为了约翰的妻子。在生活中，任何事情都是不难做到的，当你拥有了说话的口才，你前进的路途将会风雨无阻。

1.话说得好，做事自然会成功

在生活中，总是有人抱怨自己不会办事，本来事情办得好好的，结果一说话就坏事。这是怎么回事呢？在做事过程中，言语不当会坏大事儿，与此相反，假如你具备好口才，在关键时刻，说上几句良言美语，那事情保准就会成功。这就是做事与说话之间最重要的联系点：话说好了，做事才容易成功。

2.言语也需要一定的心理策略

在做事过程中，我们需要巧用言语攻心策略，也就是要将话说到对方的心里，如此，才能左右逢源、应付自如。相反，不论你的口才多棒，假如不懂得一定的心理策略，话说不到对方的心里，那说得再多也是无济于事。

密钥

俗话说："精诚所至，金石为开。"好的口才首先会让别人感觉到热情以及诚意，只要你具备这些言语技巧，你就可以用一根头发牵动一头大象。拥有好口才，无疑为你做事增加了成功的砝码。

好口才奠定顺利职场路

英国前首相丘吉尔曾说过一句经典的话："你能对着多少人当众讲话，你的事业就会有多大。"事实确实是这样，你最开始在大街上说话，后来发展到全国，甚至全世界。当然，在这个过程中，你已经成就了自我。你可以当着多少人说话，你的事业就会有多大，这是很容易想象得到的。在职场中，有许多场合都需要说话，比如求职面试、竞聘职位、总结报告、发表意见、主持活动、会议发言、接受采访等等。无庸置疑，说话是一个人在职场中必备的基本技能，也是管理者进行管理的必要工具。

那些工作中言语不多的人，即便他们具备卓越的工作能力，但是他们的事业已经局限在他们所坐的位置上了。敢于说话是事业成功的秘法。在工作中，与同事意见发生分歧的时候，需要大胆说出来，因为你说出来，或许会有万分之一的机会成功，但你不说，就连这渺小的机会都没有了；在想到了很好的提议的时候，哪怕会议室里人山人海，你也需要大胆地说出来，证明自己的能力；在面对消费者的时候，更是需要将说话艺术发挥得淋漓尽致。多少事业成功的人都是这样一步步走过来的，如果说他们有与别人不一样的地方，我想其中应该有这样一点：敢于说话。

马先生在上个星期晋升为了总经理，尽管马先生的工作能力是大家有目共睹的，但是他身上最大的一个缺点就是惧怕说话。这个毛病在他上学时就有了，那时他不能在课堂上作报告，每当学校有口试他就会两腿发软。在他结婚的那一天，幸亏上天照应，他得了重感冒，嗓子不能发出声音，才躲过了那天的发言。

现在，马先生正愁眉苦脸地坐在办公室，很快自己就会在公司评议大会上作报告了，这是自己担任新职位以来第一次公开说话，公司高层领导对此极其重视，希望他能通过这次讲话奠定好自己未来的事业基础。但是，对于马先生来说，当确定了报告日期之后，自己就再也没有睡过一天安稳觉，他甚至冒出了一个荒唐的念头：想请病假来逃过那难熬的两个小时。

当然，这个荒谬的念头并没有落实，马先生还是来到了会场。虽然之前默念了无数遍演讲稿，但真正到了高高的讲台，马先生就像得了健忘症，他一边不断地抹着额头上沁出的汗水，一边吞吞吐吐地说道："今天……谢谢大家……我需要说的是"在整个讲话过程中，马先生停顿了无数次，才勉强讲完，当然，为此花掉了预算时间的一倍之多。

会议结束之后，上级领导对马先生说："现在将手上的全部工作放一放，你去上口才培训班，希望你能有所收获，等到下次会议的时候，我希望能看见一个崭新面貌的你。如果你还是不能做好，那么，我想有必要考虑你是否适合这个职位。"

法国心理学家克里斯多夫·安德烈说："害怕丢脸、害怕说话，就好像他们害怕蛇虫一样。有一半以上的人害怕这种说话的场合，而有大概三分之一的人放弃过说话的机会。”就好像马先生一样，虽然他具备优秀的工作能力，但是成为一名管理者以及领导者，他所需要的就是说话的口才。如若不然，他的事业将又会重新回到原地。

1.说话也是一种能力

其实，说话本身就是一种能力。有时站在路边小摊上吆喝的老板，一个月就能收入好几千，如此的酬劳远远超过白领阶层。这是为什么呢？这就好像有的人因为技能挣钱，有人因为卖苦力挣钱，而他们则是靠一张嘴吃饭。各行业最优秀的推销员，无不是说话的卓越者。因此，在学习说话的时候，我们不仅需要把它当成是事业成功的砝码，更需要将它当成是一种特殊的能力。

2.说话为事业发展增加了更多的机会

可能，你本来只擅长在车间里埋头苦干，只能成为一名普通的职员。但是，假如你更擅长说话，那么你去销售部也是非常适合的，或者成为一名优秀的管理者也是可以的。敢于说话，无疑为我们的事业发展增加了更多的机会。

密钥

许多时候，说话将为你赢得事业成功。在事业发展的路途中，我们所需要经历的过程大多是这样：最开始只听上司说话，慢慢地你开始对一两个下属说话，逐渐地，你说话的对象越来越多，直至你做到了公司老板的时候，你将面对全体员工说话。

第02章　说得有礼，谦谦君子惹人喜

说话彬彬有礼，是尊重对方。这看起来似乎并不难，不过对于许多人来说，依然是不小的挑战。话说得有礼，谦谦君子才能惹人爱。如果说话粗鲁或无礼，会让你身边人产生反感。

礼貌用语，别让不逊毁了形象

许多人善于言谈，却不是那么会说话，给人的感觉总是很别扭，使人远远避之而唯恐不及，究其原因，就在于说话时少了礼貌的措辞。其实，在日常生活中，说话礼貌是十分有必要的。它是一个人素质的直接体现，也是能够赢得对方尊重的先决条件。有的人说话不礼貌，这样不仅仅会令人厌烦，而且最终只能导致沟通失败。尊重别人就是尊重自己，无论我们在社会上扮演了什么角色，有着什么样的身份，礼貌是维持良好人际关系和持续互动的规则。一个说话礼貌的人走到哪里都会受欢迎，而一个习惯于出口不逊的人，怎么样都得不到别人的喜欢。

章老师是一所高校有名的教授。有一天，一位隔壁学校的同学来找章教授，请章教授做他校外的论文评阅人。因为当时规定，论文答辩时要请一个校外的专家来指导。

这位同学一进门，见章老师的屋里坐了好几位老师在商讨什么问题。他也搞不清哪位是章教授，就张口问道：“谁是章炳山呀？”章老师听到这个学生直呼自己的名字，脸色微微一变，几位老师也面面相觑。不过，章老师还是很有礼貌地对他说：“我就是，找我有什么事吗？”那位同学大大咧咧地说：“噢，你就是章炳山呀，我早就听说过你了。我是某某教授的学生，我的论文你给我看一下！”章教授到底是有涵养的人，虽然看到这个学生说话没有礼貌，但还是回答：“那你就放那里吧。”这名学生把自己的论文往章老师的桌子上一扔，对章老师说：“你快点看呀！后天我们要论文答辩，你可别耽误我的事！”章老师这么有涵养的人也忍受不了了，火气顿时上来，他对这位同学说：“这位同学请留步。请问一下是谁找谁办事呀？你的论文拿走，我没有时间给你看！”

一向很有涵养的章教授怎么会忍不住生气呢？原因就在于那位同学说话不懂礼貌。章老师是很有名气的教授，至少那位同学也应该礼貌地称呼“章老师”，而不是直呼其名。另外，同学话语中透露出的“目中无人、随意指使”的不礼貌口吻，更让章教授生气。其实，无论是求人办事还是普通的交谈，我们都需要以礼貌的措辞来进行交谈。如果那位同学说话能够礼貌一点，那么章教授一定不会在嘴上为难他，定会乐意帮忙的。

有位士兵骑马赶路，到黄昏了还找不到客栈，这时他看见前面来了位老农便高喊：“喂，老头儿，离客栈还有多远？”老人回答：“五里！”士兵策马飞奔十多里，仍不见人烟。“五里、五里”他猛地醒悟过来，“五里”不是“无礼”的谐音吗？于是他掉转马头赶回来亲热地叫了一声：“老大爷”。话没说完，老农说：“你已经错过路头，如不嫌弃，可到我家一住。”

语言本是思想的衣裳，它可以直接表现出一个人的高雅或粗俗。同时，语言交流是一种心灵沟通，要想使彼此之间的沟通畅通无阻，就应该得体地运用礼貌措辞，这样才会让对方感到“良言一句”的温暖，使自己与他人之间的感情很快融洽起来。

1.丰富礼貌用语

在平时生活中，我们习惯这样打招呼“你吃饭了吗”“你到哪里去”。

这样的日常用语显得有点单调、乏味，也缺乏应有的礼貌。这时候，我们应该丰富自己的礼貌用语，比如“早安，你好吗”“请代问全家好”等等。

2.使用礼节性语言

语言的礼节就是寒暄，有一些最常见的礼节语言惯用形式，比如，问候语“您好”，告别语“再见”，致谢语“谢谢”，致歉语“对不起”，回敬语“没关系”“不要紧”“不碍事”等等。

3.养成使用敬语、谦词、雅语的习惯

敬语也就是敬辞，即表示尊敬礼貌的词语，比如我们常用的敬语“请”，第二人称“您”，代词“阁下”“尊夫人”等；谦语是向人表示谦恭或自谦的一种语言，比如称自己为“愚”、称自己父亲为“家父”等；雅语是指一些比较文雅的语言，比如你端茶招待客人，应该说“请用茶”。

4.善于言辞

交谈中，一般都会选择大家共同感兴趣的话题，但是对于一些不该触及的敏感话题，比如对方的年龄、收入、婚姻状况等等，应该尽可能地避开。询问对方这样的信息，是不礼貌和缺乏教养的表现。

密钥

何谓礼貌措辞？其实就是我们日常交际中所使用的敬语与谦词，这些口语表达可以体现出对他人的尊重，诸如“请教、指教”“劳心、费心”等等。如果我们能在日常语言交际中使用这些谦词和敬语，对方肯定乐意与你接触，与你建立友好和谐的关系。

优雅谈吐，别因情绪搅乱言语

小说家亚诺·本奈说：“日常生活中大部分的摩擦冲突都起因于恼人的

声音、语调以及不良的谈吐习惯。”如果仔细观察身边的人，你会发现他们大多数人都是带着情绪说话，缺少了应有的优雅从容。对此，哈佛大学前任校长伊立特说：“在一个有教养的人的教育中，有一种训练是必不可少的，那就是优美而文雅的谈吐。”

在生活中，善于说话的人，不但能使陌生人见了他们产生良好的印象，而且能够广结人缘，到了哪里都能受人欢迎。有的人说话，喜欢随便使用粗俗的语句，不肯“三思”而后言，还有许多人，整天只会说一些没有任何意义的琐事。这样的说话方式，若是面对一个陌生人，肯定会招致他的反感。

一个人所说的话不仅能够感染他人，而且还能够反应出自己的一些信息，比如，内心所想、职业等等。一般而言，当内心通畅的时候，说话就会清亮和畅；内心平静的时候，语言平和；内心兴奋的时候，声音就变得有点尖锐。现代心理学认为，不同的说话方式会给人不同的感受。而其中，优雅从容的语言表达会给你的谈话增加筹码，不管你是在聊天，还是在说服对方，都具有很好的作用。

销售员小丽说：“我本质上不是一个温柔的人，因而，对于优雅的谈吐并没有太多感性的认识，可是工作得越久，我就越能领教它的力量。”小丽在一家公司做售后回访，一般要问完五个问题才算做完一个回访。通常情况下，她很客气地问候客户时，对方多能比较礼貌地回应她。但也有态度很粗暴的客户，没等她把话说完，就“啪”一声地挂了电话，或虽在听，但语气相当不友善。

由于职业道德的约束，小丽的声音绝不能受情绪的丝毫影响，不能因为对方的粗鲁她也变得狂躁不安。因此，她继续使用优雅的语言与其对话，这时她惊奇地发现，那些语气冲得像是要从电话里伸出手来扇她一记耳光的客户慢慢平静下来。谈话最后时简直就判若两人了，非常客气，甚至能主动向她致谢。第一次她以为是碰巧了，可第二次，第三次，当她坚持以不变的曼妙声音和温柔态度对待不太友善的客户时，得到的都是同样的结果。

优雅的谈吐所传递的是一种温柔的态度，在这样的态度面前，所有的烦躁、粗鲁、不愉快都会瓦解。一个人的优雅可以营造出一个温馨的谈话氛围，形成一个神秘的磁场，让对方潜移默化地认同了某一种价值观，行为也随之发生了微妙的变化。

露露是一个有着优雅谈吐的人，但这仅仅限于她心情很好的时候。一旦同事或上司在某些方面得罪了她，她就会火冒三丈，不管对方是谁，只管一股脑儿发泄自己的怨气。

有一次，露露正端坐着与同事聊天，无意中看见另外一位同事正在翻看自己的抽屉。她一下子怒火攻心，站起来，大声喝道："卢晓川，你干嘛呢？在我抽屉里翻来翻去，跟做贼似的。"被叫住的卢晓川知道露露的脾气，慢慢解释："你在办公室啊，我以为你不在呢，老板喊你交企划案，我记得早上你说已经做好了，我就想找到了给你交上去，否则，误了提交时间，领导是要生气的。"听了解释，露露的火气并没降下来，反而愈演愈烈："我的事不用你管，真是，少在哪里瞎操心。"

不远处几个同事小声议论："真搞不懂她，刚才还优雅得如同一只白天鹅，现在就活脱脱一只母老虎。"

想必，露露是大多数人在生活中的缩影吧！人天生就是情绪化的动物，有可能前一刻还在微笑，下一刻已经在哭了。因此，人们在说话时也很容易受到情绪的影响：心情不错，则会保持优雅从容的谈吐；生气的时候，则会拍桌子瞪眼睛，全然没有了优雅的姿态；紧张的时候，则会忸怩作态，不知道该说什么。对此，我们应该战胜不良的情绪，争做优雅的人。无论在什么时候，都要面带微笑，保持优雅地姿势，从容对答，千万不要被情绪搅乱了话语。

密钥

我们在说话的时候，需要时刻保持优雅的谈吐，而不要轻易被情绪左右。有的人在生气的时候，说话就毫不顾忌，抱怨、怒骂，甚至爆粗口。其实，如此说话会让你少了几分优雅，多了几分粗鲁，自然，也会大大地损害你在人前的良好形象。

请保持礼貌和热情的招呼

我们在每天的人际交往中，都在频繁地与人打招呼，招呼表示一种问候、一种礼貌、一种热情。我们千万不要忽视了一个招呼的作用，一个小小的招呼就是我们人际交往中的润滑剂。对同事的一个招呼，可以有效地化解彼此之间的敌意；对朋友的一个招呼，可以唤起双方之间深厚的友谊；对陌生人的一个招呼，可以减少彼此之间的陌生感。总而言之，一个招呼可以使人与人之间的关系更加和谐、融洽。特别是在与陌生人的交往中，恰到好处的一个招呼是必不可少的。

《塔木德》上说："请保持你的礼貌和热情，不管对上帝，对你的朋友，还是对你的敌人。"如果你能够奉行这一原则，就会在复杂的人际交往中获益匪浅。有时候，仅仅是一个看似不经意的招呼，会加深你在陌生人心中的印象，会增加陌生人对你的好感，会帮助你赢得陌生人的友谊，你们之间的关系常常在不经意间变得更加密切。

1930年，西蒙·史佩拉传教士每日习惯在乡村的田野之中漫步很长的时间。无论是谁，只要经过他的身边，他都会热情地向他们打招呼问好。他每天打招呼的对象中有一个叫米勒的农夫。米勒的田庄在小镇的边缘，史佩拉每天经过时都看到米勒在田间辛勤地劳作。

当史佩拉第一次向米勒道早安时，米勒根本没有理睬，只是转过身子，看起来就像一块又臭又硬的石头。在这个小镇里，犹太人与当地居民相处得并不好，他们更不可能把这种关系提升到朋友的程度。不过，这并没有打消或妨碍史佩拉传教士的勇气和决心。一天又一天地过去，他总是以温暖的笑容和热情的声音向米勒打招呼。终于有一天，农夫米勒向教士举举帽子示意，脸上也第一次露出一丝笑容了。这样的习惯持续了好多年，每天早上，史佩拉会高声地说："早安，米勒先生。"那位农夫也会举举帽子，高声地回道："早安，西蒙先生。"这样的习惯一直延续到纳粹党上台为止。

当纳粹党上台后，史佩拉全家与村中所有的犹太人都被集合起来送往集中营，最后他被关押在一个位于奥斯维辛的集中营。从火车上被赶下来之后，他就站在长长的行列之中，静待发落。在行列的尾端，史佩拉远远地就看到营区的指挥官拿着指挥棒一会儿向左指，一会儿向右指。他知道发派到左边的就是死路一条，发配到右边的则还有生还机会。他开始紧张了，越靠近那个指挥官，他的心就跳得更快，自己到底是左边还是右边？

终于，他的名字被叫到了，突然之间血液冲上他的脸庞，恐惧消失得无影无踪了。那个指挥官转过身来，两人的目光相遇了。他发现那位指挥官竟然是米勒先生，史佩拉静静地朝指挥官说："早安，米勒先生。"米勒的一双眼睛看起来依然冷酷无情，但听到他的招呼突然抽动了几秒钟，然后静静地回道："早安，西蒙先生。"接着，他举起指挥棒指了指说："右！"他边喊还边不自觉地点了点头。右，意思就是生还者。

一句简单的问候，竟挽救了史佩拉的生命。其实，礼貌和热情都是人际交往的润滑剂。正是那句真诚的问候感动了刽子手，史佩拉才得以生存下来。因此，我们在面对周围的陌生人时，尽可能地展现我们的礼貌和热情，主动打个招呼吧。

对于我们每个人来说，向一个陌生人打声招呼并不是一件困难的事情。

这只是需要我们在见面时互相问候一声“早上好”“中午好”“晚上好”，即便只是一个微笑、点头，那也是一个招呼。

1.消除彼此的陌生感

也许，你们在初次见面，第一次打招呼的时候，双方都会觉得有点不自然，毕竟彼此是陌生的，也不会有多少的感触。但是，当你们第二次在大街上碰到，你不经意喊出对方的名字，跟对方打个招呼，对方就会觉得有说不出来的亲切感。并且这种亲切感随着你们一天一天地打招呼、彼此寒暄会变得更加强烈，到你们再见面时，已经完全没有了疏离感，彼此已经不再陌生，甚至有可能会成为好朋友。其实，人与人之间的关系就是这样建立起来的，仅仅是一个招呼就足以让双方不再陌生。

2.拉近双方之间的距离

领导和下属打招呼，这看似很少见的举动正悄悄地拉近上下级之间的距离。这时候，领导不再高高在上，而是像朋友一样的互相问候。领导与下属之间的关系是企业管理的核心，如果下属只是一味地惧怕领导，那么，这样的领导就不能进行有效地管理与沟通。当领导与下属因为一声招呼、一句问候而成为了朋友，他们之间就是一种平等的关系，当工作出现了问题，双方就可以互相讨论如何来解决。因此，领导者要想管理好一个企业，处理好上下级之间的关系，那就要从打招呼做起。

密钥

有时候，即便没有挖空心思去与对方寒暄几句，只是打声招呼，就足以唤起对方心中的温暖。没有一个人能够拒绝温暖的微笑和热情的声音，这些不仅仅能够博得对方的好感，也会化解对方冰冷的心。

不了解对方不要轻易开玩笑

有的人喜欢开玩笑，以此来活跃气氛，消除双方之间的陌生感，这确实是一个与人建立融洽关系的有效方式。但是，也有不少人在初次见面时就向对方开玩笑，这可能会引起相反的作用。其实，玩笑是不能随便乱开的，尤其是面对自己不了解的人，更不能随便向对方开玩笑。因为你稍有不慎或把握不当，不仅不能缓和气氛，还会适得其反，给双方关系造成难以弥补的裂痕，这也会直接导致我们人际关系的破裂。因此，你在不了解对方的时候，就不要轻易地向对方开玩笑。

我们不可否认玩笑有它的作用性，如果你把握得当，确实能够活跃气氛，缓和初次见面的紧张感和生疏感。但这样的适度玩笑也是建立在合适的时间、合适的地点、合适的环境以及合适的对象身上，它才会产生出这么大的作用。相反，如果你向一个不了解的人随意地开玩笑，就免不了会产生误解，或者伤害到对方，甚至会给自己带来杀身之祸。

刘备进入蜀地之后，曾经与益州的刘璋在富乐山相会，当时正好碰到了刘璋的部下张裕。刘备见张裕面脸胡须，就开玩笑说：“我老家涿县，姓毛的人特别多，县城周围都住满了毛姓人家，县令感到奇怪，就说‘诸毛为何皆绕涿而居呢？’”在这里，刘备巧将“涿”借此为“啄”，意在取笑张裕那张被一脸黑毛遮住的嘴巴。

不料张裕回敬道：“从前有个人先是任上党郡潞县县长，后来又迁至涿县做县令。有人正好在他上任前回老家探亲时给他写信，于是便在称呼上犯了难，一时不知称他为‘潞长’，还是‘涿令’，最后只好称他为‘潞涿君’。”在这里，张裕也巧妙借此取笑刘备脸上无毛，立即引得满座哄堂大笑。当时，他们两人不过是开开玩笑，张裕并不在意这件事，但刘备却因自己占了下风而一直耿耿于怀。

后来张裕投到刘备麾下，刘备竟找了个借口，要杀张裕。诸葛亮请刘备宣布张裕罪状，刘备说不出什么理由来，竟称："芳兰当门而生，不得不锄去也。"

由于张裕对刘备一点都不了解，就对其玩笑进行回敬。哪晓得刘备心眼小，一直因自己占了下风而耿耿于怀，于是张裕就这样因为一句玩笑话而掉了脑袋。

当我们与陌生人交谈的时候，为了消除双方之间的陌生感，适当的玩笑是可以的。但是，在不了解对方的情况下，开玩笑更需要慎重，既要选择合适的场合、合适的环境，还需要考虑到对方的性格特征、对方当时的情绪，除此之外，我们还需要把握好玩笑的内容，确保是内容健康、情调高雅的。当你把这些所有的因素都考虑进去了，向对方开适度的玩笑，这可以为你的印象加分不少。

1.合适的场合

向对方开玩笑也需要选择合适的场合，不能随便在一个场合就开玩笑。比如，在一些庄重的集会或重大的场合就不适宜开玩笑，还有一些有着浓厚悲伤氛围的场合，也不应该开玩笑。这样的场合情况下，如果你向对方随意开玩笑，对方只会增添不悦的情绪，进而对你没有任何好感。因此，开玩笑需要选择合适的场合，必须是双方都处于一个心情愉悦的情况下，你的玩笑才能够发挥出它的作用。

2.对方的性格

每个人都有不同的性格，有的人活泼开朗，有的人爽快豁达，有的人比较内向，有的人则比较敏感。我们在面对不同性格的人开玩笑，则注意要因人而异。如果是面对个性比较开朗的人，则可以适当地开玩笑，活跃气氛；如果是面对比较敏感的人，则不宜开玩笑，否则有可能会伤害到对方。另外，对女性来说，开玩笑要适度；而对于老人来说，开玩笑则需要注意到给予对方尊重。总之，你开玩笑是要在不伤害对方自尊心的前提之下进行，开玩笑的目的是为了营造出轻松愉快的谈话氛围。

3.对方的情绪

你在向对方开玩笑的时候，还需要考虑到对方的情绪。如果对方正情绪低落，或者正处于极度悲伤的时候，你就不应该向他开玩笑，否则别人会以为你是在幸灾乐祸。开玩笑的时机也是在双方心情都保持愉悦的情况下，或者双方之间出现了点小矛盾，你可以通过开玩笑使对方心情有所好转。

4.内容健康、情调高雅

当你在开玩笑的时候，还需要选择健康、高雅的内容。尤其你在面对对方的时候，切忌拿对方的缺陷来开玩笑，把自己的快乐建立在别人的痛苦之上。还要避免开庸俗无聊，极具低级趣味的玩笑。开玩笑的内容既是健康、情调高雅的，也能够启迪人、教育人，还能使你们在欢笑之余从中学到更多的东西。

密钥

一般而言，玩笑是人际交往中的润滑剂，能够缩短交往双方的心理距离，进而活跃气氛，化解尴尬的窘境。如果你能够在交际中恰当地运用这一技巧，你会成为交际中的高手。但是，你一定要记住：开玩笑也是需要合适的场合、合适的坏境，面对合适的对象，这样才能使玩笑发挥出更大的作用，进而建立融洽的人际关系。

别样的称呼，增进彼此的亲切感

称呼，是人与人在交往中一方对另一方的称谓。虽然在平日的生活中，我们并没有过多地重视称呼的变化，但实际上，善于称呼才能为你赢得好感。在我们日常交际中，称呼是一种很友善的问候，也是人与人之间交往的开始。中国自古就是一个文明的国家，逐渐形成了一种文明规范的礼貌称呼，当然，也有朋友之间的昵称或者绰号。因而，在某些时候，怎么称呼别人，成为了一件很讲究的事情。如果你能够称呼恰当，会让对方感到很亲切，也能够帮助你在人际交往中如鱼得水，事半功倍，给对方留下一个良好的印象。相反，如果你称呼不恰当，往往会惹得对方不快，甚至产生恼怒情绪，这样会使双方的交流陷入尴尬的境地，导致交流失败。如何称呼他人看似很简单，却是一门不简单的学问。有的人习惯以“请问是某某吗”或者客气地说“某某，您好”，这样直呼其名，一下子就拉开了彼此之间的距离，而且显得很不尊重。那么，这时候，我们就需要以别样称呼来代替直呼其名，这会带来意想不到的效果。

西方主要以直呼其名为称呼的方式，但对于一直主张文明礼仪的中国，这样的称呼方式并不恰当。也许，有的人觉得只要不是自己的父母长辈，可以直呼其名，这样也给自己省去了不少麻烦。殊不知，即便是不怎么熟悉的同事，如果你以直呼其名的方式来招呼他，只会让对方感觉到不被尊重。

所以，对于绝大多数人来说，在正式的拜访场合或者日常的交际场所，他们都会舍弃直呼其名而选取别样的称呼。有人会感到不解，什么是别样的称呼？顾名思义，也就是不一样的称呼，但是这样的称呼首先必须是恰当的，还必须以亲切感为原则。除了我们日常生活中稍微正式一点的“某某先生”“某某小姐”，别样称呼不仅仅体现了尊重的意味，还有别于“先生”“小姐”带来的生疏感，能缩短双方之间的距离。所以，舍弃直呼其名的称呼方式，选取别样的称呼，会让你在复杂的人际交往中应对自如。

“伟明，我们班明天上午第一节课需要教导处安排一下，谢谢你了！”

“海大哥，明天我试教，麻烦你来听一下，多提宝贵意见噢。”

“阿坤，我们班的阳光指数好像有些出入，我想和你讨论一下。”

“萍大小姐，今天下午1点，少儿频道来采访你们班的‘道德银行’，你准备一下。”

这些天来，不断地在办公室听到这样的称呼。被称为萍大小姐的方萍老师笑言：“刚开始时还觉得不习惯，可后来才发现这样的称呼挺有意思的，比以前的直呼其名亲切多了，我们在这样一种轻松的氛围中愉快地工作，连工作效率也提高了不少。”

在某小学里，出现了这样的现象，不论是打招呼，或者是公务往来，许多老师之间不再直呼其名，取而代之的是更显亲切的别样称呼。这种变化是新校长来了之后开始的，当校长亲切地称呼老师的时候，老师们感觉好像一家人一样，做起事情来也更主动。这不仅增强了集体荣誉感，也使领导和下属、同事与同事之间的关系更和谐。

俗话说：一滴水里见太阳。当你置身于一家公司，听到下属与上司之间彼此的称谓，就可以知道这家公司的文化及员工之间的关系大概如何了。从直呼其名到别样称呼，看似不经意地改变，却让置身于其中的人感到无比亲切，既提高了工作效率，也增强了集体荣誉感，还使人际关系更加和谐。

密钥

以中国传统的礼仪，许多人觉得“长幼有序”，而彼此熟悉的同辈之间就可以“直呼其名”，虽然这样的称呼也是无可厚非的，但是少了一份亲昵。所以，要想建立融洽的人际关系，就要学会舍弃“直呼其名”，选取别样的称呼。这样在无形之中拉近了彼此之间的距离，增加了亲切感，也更利于人际关系的拓展。

第03章 说得有情，左右逢源气场王

一句话是否感动人心，在于是否有情。说话好听，不仅仅在于言语的搭配，技巧的运用，还在于话语是否带感情。语带真诚，不夹杂太多的功利因素，便可以在社交场合左右逢源，成为人人称赞的气场王。

寻找双方共同的话题

许多拜访过罗斯福的人，都会对其广博的知识感到惊奇，而且他无论和谁都有共同话题。不管是纽约政客，还是一位外交家，罗斯福都知道与对方谈论些什么。有人问罗斯福是如何做到这一点的，他回答：“我每接见一位来访者，都会在前一晚阅读有关这位客人所特别感兴趣的东西，以便找到令人感兴趣的话题。”心理学认为，每个人都有自己的兴趣，都对和自己有共同兴趣的人有着特殊的好感。

美国著名的柯达公司创始人伊斯曼，捐赠巨款在罗彻斯特建造一座音乐堂、一座纪念馆和一座戏院。为承接这批建筑物内的坐椅，许多制造商展开了激烈的竞争。但是，找伊斯曼谈生意的商人无不乘兴而来，败兴而归，一无所获。优美座位公司的经理亚当森也在竞争者之列，希望能够得到这笔价值9万美元的生意。秘书却事先申明：“我知道您急于想得到这批订货，但我现在可以告诉您，如果您占用了伊斯曼先生5分钟以上的时间，您就完了。他是一个很严厉的大忙人，所以您进去后要快快地讲。”亚当森微笑着点头称是。

亚当森走进办公室，看见伊斯曼正埋头工作，于是静静地站在那里仔细地打量起这间办公室来。一会儿，伊斯曼抬起头来，问道：“先生有何见教？”刚开始亚当森没有谈生意，而是说：“伊斯曼先生，刚才我仔细地观察了您这间办公室。我本人长期从事室内的木工装修，但从来没见过装修得这么精致的办公室。” 伊期曼回答说：“哎呀！您提醒了我差不多忘记了的事情。这间办公室是我亲自设计的，当初刚建好的时候，我喜欢极了。但是后来一忙，一连几个星期我都没有机会仔细欣赏一下这个房间。”亚当森走到墙边，用手在木板上一擦，说：“我想这是英国橡木，是不是？意大利的橡木质地不是这样的。”“是的”，伊斯曼高兴得站起身来回答说：“那是从英国进口的橡木，是我的一位专门研究室内橡木的朋友专程去英国为我订的货。” 伊斯曼心情极好，便带着亚当森仔细地参观起办公室来了，一边参观一边做详细的介绍。

此时，亚当森微笑着聆听，他看到伊斯曼谈兴正浓，便好奇地询问起他的经历。伊斯曼便向他讲述了自己苦难的青少年时代的生活……亚当森由衷地赞扬他的功德心。结果，亚当森和伊斯曼谈了一个小时，又一个小时，一直谈到中午。

虽然亚当森直到告别的时候，都没有谈到生意，但最后，他不但得到了大批的订单，而且还和伊斯曼成为了好朋友。

亚当森成功的诀窍，就在于他善于挖掘出共同的话题，从伊斯曼的办公室入手，巧妙赞美了对方的成就，这样使伊斯曼的自尊心得到了极大满足，最终亚当森也达到了自己的目的。如果他刚开始就大谈生意，不仅他自己即将面临被拒绝的尴尬，而且也会使对方产生尴尬心理。

1.激起对方说话的欲望

在沟通过程中，我们应该率先向对方传递友好的信息，激起对方说话的欲望。当你的话题使对方产生了浓厚的兴趣，对方就会不由自觉地打开话匣子。所以，当谈话出现了尴尬场景的时候，一定要通过话题激起对方的兴趣，使谈话能够持续下去，比如“看来你对书法挺有研究的”。

2.有效地提问

适时的提问会帮助你找到共同话题，当然，提问也是需要技巧的。为了不至于造成尴尬情境，应该把问题尽量掌握在自己比较擅长的范围之内，问题尽量具体，比如“你喜欢去哪个国家旅行？”这样你就可以围绕旅行途中发生的趣事展开一个话题了。

3.找到对方感兴趣的话题

每个人都有自己感兴趣的事物或话题，我们不妨去迎合对方的兴趣，积极主动地寻找出共同话题，这比漫无目的地乱说一通强过一百倍。比如，假如你了解到他以前是一个歌手，那么你就可以说“那时候唱歌辛苦吗”“感觉你声音很独特，唱歌肯定很好听”。

密钥

当对方听到你对他的兴趣爱好也这么感兴趣，还如此了解的时候，他就会产生“同好”心理而倍感亲切。谈论共同的话题，无形之中是对他人的赞美与肯定，也会使你获得好感，从而消除彼此的尴尬心理，达到影响他人心理的目的。

营造惺惺相惜的感觉

同理心是指在人际交往中，能够体会对方的情绪和想法，理解对方的立场和感受，并站在对方的角度思考和处理问题的心理。换句话说，同理心就是站在对方立场思考的一种方式。把自己当成对方，想象对方是由于何种心理导致了这样或那样的结果最后触发了整件事情。在整个心理过程中，由于自己先接纳了这种心理，所以也就接纳了对方的这种心理，最后谅解了这种行为和事情，这与古人所说的“己所不欲，勿施于人”如出一辙。在人与人的沟通过程中，同理心始终扮演着重要的角色。

保险员李小姐一进门，便开门见山说明来意：“李先生，我这次是特地来请您和太太及孩子投人寿保险的。”王先生异常反感地说：“保险是骗人的勾当！”李小姐并没有生气，微笑着问道：“噢，这还是第一次听说，您能给我说说吗？”王先生说：“假如我和太太投保三千元，这三千元现在可买一部电脑，二十年后再领回的三千元，恐怕连电视机都买不到了。”小姐又好奇地问：“这是为什么呢？”王先生很快地回答：“一旦通货膨胀，物价上涨，即会造成货币贬值，钱就不经花了。”通过这样的问话，李小姐对王先生内心的忧虑已基本了解。

李小姐首先维护李先生的立场：“您的见解有一定的道理。假如物价急剧上涨，三千元不要说连电视机都买不了，怕只够买两棵葱了。” 李先生听到这里，心里很高兴。接着，精明的李小姐又给他解释了这几年物价改革的必要性及影响当前物价的各因素，进一步分析我国政府绝对不会允许旧社会那样的通货膨胀的事情发生的道理，并指出以王先生的才能和实力，收入可望大幅度增加。说也奇怪，经李小姐这么一说，王先生开始面带笑容，两人相谈甚欢，当然，李小姐最终获得了成功。

李小姐成功的秘诀就在于利用同理心说话，站在对方的立场来思考，设身处地，洞悉对方的心理需求，再进行引导，影响对方心理，最终说服了王先生。由此可见，灵活地运用同理心说话能够有效地影响对方心理。

卡耐基租用了某旅馆大礼堂讲课。一天，他突然接到通知，租金要提高三倍。卡耐基前去与经理交涉。他说：“我接到通知，有点震惊，不过这不怪你。如果我是你，我也会这么做。因为你是旅馆的经理，你的职责是使旅馆尽可能赢利。”紧接着，卡耐基为他算了一笔账，将礼堂用于办舞会、晚会，当然会获大利。“但你撵走了我，也等于撵走了成千上万有文化的中层管理人员，而他们光顾贵旅社，是你花再多的钱也买不到的活广告。那么，哪样更有利呢？”经理被他说服了。

卡耐基所使用的口才心理策略“如果我是你，我也会这么做”，其实就是同理心。当他站在经理的角度考虑时，经理已经降低了防备心理，然后卡耐基抓住了经理的兴奋点，使经理心甘情愿地把情感的天平倾向了卡耐基这边。

那么，我们如何利用同理心说话，与对方惺惺相惜呢?

1.赞同对方

当对方表露出与自己全然不同的想法时，你应该以同理心说话，如“你的话有一定的道理……”并通过语言分析强化对方想法的正确性。

2.站在对方的角度

汽车大王福特说：“假如有什么成功秘诀的话，就是设身处地替别人着想，了解别人的态度和观点。”当对方说出了自己的决定时，我们应该强调对方这种做法的合情合理性，了解对方现在的心理矛盾，以同理心影响其心理，再巧妙地说服对方。

3.展现亲密感

当你仔细观察对方身上所具备的特征之后，你会发现在你们之间其实也有许多相同点，而你需要的就是传递出“咱们都是一家人……”这样的信息，通过同理心来影响对方，比如“张先生，我也姓张，咱们五百年前可是一家人啊”“王姐，您也是东北人啊，真是太巧了，我也是东北的”。

4.诉说相同的经历

相同的经历会有相同的感受，相同的感受自然会惺惺相惜，我们要巧妙地利用同理心说话，比如“你以前在广东工作过？我早些年也在广州工作过”“李姐，咱们做女人真的是不容易啊，既要照顾家庭，又要照顾孩子，生活压力真大啊”，以此来影响其心理，达到说服对方的目的。

密钥

利用同理心说话，就是我们站在对方的角度，同情、理解、关怀对方，接受对方的内在需求，并感同身受地予以满足。利用同理心说话，可以从对方言语的细微处体察对方的心理需求，从而通过语言表达出惺惺相惜的感觉，最终影响其心理。

把话说到对方的心窝里

聪明人在说服对方的时候，懂得去暗合对方的心理，这样能让他人感到被尊重。当然，在说话时利用语言来暗合对方的心理，需要合得巧妙，千万不能让对方看出破绽。在日常生活中，面对不同的场合、不同的对象，每个人都有自己的心理，有着不同的心理需求。当我们在与对方进行语言交流的时候，需要从对方的言语中明白其心理需求，或者通过察言观色来洞悉对方的心理，再通过语言表达来暗合对方的心理，令对方无法反驳。

安东尼·提莫克是新英格兰穷牧师的儿子，刚刚从菲利浦斯学院毕业，18岁的他还处于人生事业的起步阶段。他在替一个商人干点杂活，挣着一个星期一块半的工资。老板觉得他是个十分聪明的小伙子，就让他去销售铁路公债券。所以，安东尼·提莫克希望能与纽约银行行长摩西·泰勒说几句话，他知道泰勒对铁路很有兴趣，但自己怎么做才能引起这位银行行长的注意呢？

那天，当安东尼·提莫克走到泰勒的办公桌面前时，泰勒正烦躁地对一个饶舌的人说："说正题！说正题！"不一会儿，泰勒就摇了摇头，把那个人赶了出去。接着，他向安东尼·提莫克点头，示意他过去。安东尼·提莫克把公债券放在了办公桌上说："97。"泰勒很奇怪地看了他一眼，拿过他的支票簿问："你的老板叫什么名字？""伯兰克先生。"提莫克回答，签好了支票后，泰勒又问：“伯兰克先生给你多少回扣？”“0.25%。”提莫克继续回答，“太少了，你管他要1%的回扣，如果他不付给你，我就替他付。”泰勒开玩笑道。就这样，提莫克成功地把公债券卖掉了，同时，他也成功地使行长注意到了他。三年后，他就成了百万富翁。

提莫克凭借着敏锐的眼光，看出泰勒是一个有着强烈脾气的人，他喜欢使用简洁的语言，讨厌那些不必要的繁文缛节。所以，当提莫克了解了泰勒的心理要求之后，他就一直使用简洁的语言来回应他，不说一句废话。这暗合了泰勒的心理，泰勒也不会大声说“说正题”，在嘴上为难提莫克。

提莫克之所以能成功，是因为他懂得这样一个心理策略的重要性，那就是：从最细微的细节里去暗合他人的心理。

小娜是一位节油制汽车推销员，这天，她约见了一位客户，一开口她就礼貌地询问：“先生，请教你所熟悉的一个问题，增加贵店利润的三大原则是什么？”客户好像很乐意回答这样的问题，他回答：“第一，降低进价；第二，提高售价；第三，减少开销。”小娜立即抓住话题说下去：“你说的句句是真言。特别是开销，那是无形中的损失。比如汽油费，一天节约20元，你想过有多少吗？如果贵店有3辆车，一天节省60元，一个月就有1800元。发展下去，10年可省21万元。如果能够节约而不节约，岂不等于把百元钞票一张张撕掉？如果把这一笔钱放在银行，以5分利计算，一年的利息就有1万多元，不知您高见如何，觉得有没有节油的必要呢？”听了小娜这样的分析，客户觉得很有道理，最终购买了节油制汽车。

小娜的话语暗合了客户的心理特点，既然汽车可以节油，为什么还要继续“浪费”下去呢？于是，他就会想方设法用节油车来结束之前“浪费”的恶劣情况，不得不购买节油制汽车。

那么，在日常交际中，我们该如何来暗合对方心理呢？

1.适时赞美，满足其虚荣心

在日常交际中，赞美的话不可或缺，它就如沁人心脾的淡淡花香，会在不知不觉中渗入对方的心灵，让他们沉醉不已。比如“经理，您把那事谈成了？怎么谈的？以后你可得教教我，我要拜您为师”“王总，这么大的工程，您一个人就给搞定了，可真了不起，不过您可要注意身体啊”。

2.把话说到心窝里，满足其自尊心

每个人都有脆弱而敏感的自尊心，因此，我们在说话时要考虑到对方的自尊心，适时把话说到对方的心窝里，比如“小伙子，你提出的建议真不错，我得好好谢谢你”。对方听了这样的话，他会觉得自己所做的很值得，心理得到了极大的满足，也不会再有什么反对意见了。

密钥

每个人都比较自我，当对方的言语触碰了心里的禁忌的时候，他们像被攻击的刺猬一样，用尖锐的语言反击对方，为难他人。鉴于这样的心理特点，为了获得对方的好感与信任，我们需要了解对方的心理需求，同时，还需要通过语言来暗合对方的心理，这样才会说服对方，令对方无法反驳。

赞美，自然是必不可少的

美国历史上第一个年薪过百万的管理人员叫史考伯，他是美国钢铁公司总经理。记者曾问他：“你的老板为什么愿意一年付你超过100万元的薪金，你到底有什么本事？”史考伯回答：“我对钢铁懂得并不多，我的最大本事是我能使员工充满干劲。而鼓舞员工的最好方法，就是表现真诚的赞赏和鼓励。”把话说白了，就是史考伯年薪过百万是因为他善于赞美他人。每一个人都渴望受到别人的赞美，希望自己的价值得到认可，这主要是源于其自尊心和虚荣心。

赞美是一种说话的艺术，合乎人们的心理，精准的赞美言辞会使人感到开心和快乐。在日常交际中，渴望获得赞美的人不计其数，因此赞美的言辞不可或缺。事实上，我们可以通过赞美的言辞来影响他人心理，满足其自尊心和虚荣心，最终赢得对方的好感与信任。

在镇压太平军的行营里，一次，曾国藩用完饭后与几位幕僚闲谈，评论当今英雄。他说："彭玉麟、李鸿章都是大才，为我所不及。我可自许者，只是生平不好谀耳。"一个幕僚说："各有所长：彭公威猛，人不敢欺；李公精敏，人刁能欺。"说到这里，他说不下去了。曾国藩问："你们以为我怎么样？"众人皆低头沉思，忽然走出一个管抄写的后生来，插话道："曾帅仁德，人不忍欺。"众人听后皆拍掌称是。曾国藩十分得意地说："不敢当，不敢当。"

后生告退后，曾国藩问道："此是何人？"幕僚告诉他："此人是扬州人，入过学，办事还谨慎。"曾国藩听后说："此人有大才，不可埋没。"不久，曾国藩升任两江总督，就派这位后生去扬州任盐运使。

那位后生不过是一句话，就得到了曾国藩的赏识，同时，改变了自己的命运，这真可以说是"一言定升迁"。究其原因，就在于那位后生说出了对曾国藩的赞美之词"曾帅仁德，人不忍欺"，大大地满足了曾国藩的自尊心，赢得了曾国藩的信任与好感。

卡耐基曾说："当我们想改变别人时，为什么不用赞美来代替责备呢？纵然部属只有一点点进步，我们也应该赞美他。因为，那才能激励别人不断地改进自己。"赞美，不仅满足了对方的心理需求，而且还能够增强对方的自信心，促使对方不断地取得进步。

清朝时，一名叫彭玉麟的官员，有一次路过一条狭窄的小巷。一个女子正在用竹竿晾晒衣服，一不小心竹竿掉下，正好打在彭的头上。彭勃然大怒，指着女子大骂起来。那女子一看，正是官员彭玉麟，冷汗不禁冒了出来。但她猛然间急中生智，便正色地说："你这副腔调，像行武的人，所以这样蛮横无理。你可知彭官员在我们此地！他清廉正直，假使我去告诉他老人家，怕要砍了你的脑袋呢！"彭玉麟一听这女子夸赞自己，不禁喜气上升，又意识到自己的失态，马上心平气和地走了。

女子那番赞美并不是当面夸赞，但却胜过了当面赞美，几句话就说得彭玉麟心里美滋滋的。原来自己在民间有这么好的名声美誉，实在不应该为这些小事情而生气。于是，彭玉麟转怒为笑，心平气和地走开了。那位女子正是巧用赞美之词化解了自己的困境，足以见得赞美言辞的影响力。

那么，什么样的赞美言辞才能够有效地影响他人心理呢？

1.赞美对方不为人知的优点

即使再差的人，也有那么一两处不为人知的优点，这时候我们可以巧妙地利用。比如"你的这件礼服真漂亮""你的发型真好看""你这身打扮真有气质"，这样的赞美会使对方感到高兴的。

2.赞美要具体而微

在日常交际中，我们要善于发现对方的细微之处，并不失时机地予以赞美，赞美言辞用得越具体就越有效果，比如"认识你这么久了，还不知道你的厨艺那么棒"。

3.赞美要有新意

赞美的言辞不能千篇一律，要有新意，一般而言，一些突出个性、有特点的赞美会收到更好的效果。比如，爱因斯坦这样赞美比利时的王后"您演奏得太好了！说真的，您完全可以不要王后这样职业"。

密钥

生活中是不能缺少赞美之词的，有了赞美才有了愉悦的心情，才能与他人建立和谐友好的人际关系。我们不仅要学会赞美，更要不吝于赞美。每个人都有闪光点，当我们发现了对方的优点之时，就要大方开口赞美。

第04章 说得有理，有条不紊思维清

话说得到位不仅仅靠嘴巴，还需要依靠大脑。因为只有敏捷的思维才能让说话变得轻松自如，你才会如鱼得水。思维就相当于信息处理器，当我们收到外部的信息之后，经过思维的处理，才能通过说话表达出来。若思维处理能力强，那说话自然有理有据。

思维敏捷，好言语张嘴就来

有人或许会有疑问，说话是动嘴，思维是动脑，这两者之间有关系吗？答案当然是肯定的，而且两者还存在着很密切的关系。通常那些思维敏捷的人总是张嘴就来，反应速度很快，无论是自己被刁难时，还是需要回答问题时，他们都能快速地组织好语言。而那些思维不够敏捷的人，说话时经常短路，反应不敏捷，经常比别人慢半拍；见解不深刻，没有创新的思维，经常是人云亦云；思维狭窄，没有新意，言语没有力度。

一个人口语表达能力的高低取决于其思维能力的强弱，如果你想提高自己的口语表达能力，那只能先提高自己的思维素质以及能力。比如，我们在说话中存在的，诸如条理不清、语言干瘪、无话可说等现象，这都属于思维不敏捷的范畴。

在生活中，有不少人在公众场合根本说不好话，明明是经过精心准备的，可一到了台上，脱离了说话稿，就说得结结巴巴的，甚至词不达意。这种现象产生的原因就是思维的敏捷度不够，或者说思路不够清晰。和写文章不一样，说话不能停下来多作思考，必须一句接着一句，这就要求说话者思维敏捷，前后连贯，不能吞吞吐吐，更不能逻辑混乱。

里根总统就任美国总统后，第一次出访加拿大时，正值加拿大举行反美示威游行。一次，里根总统的演说被反美示威游行的人群打断。只见里根总统面带笑容对陪同的加拿大总理特鲁多说：“这种事情在美国常发生，我想这些人一定是特意从美国来到贵国的，他们是想我一种宾至如归的感觉。”本来双眉紧锁的特鲁多，立即笑了起来。

有些场景的变化是出人意料的，如果说话者思维不敏捷，应付不好，就会使自己陷入某种困境。这就需要说话者具备敏捷的思维，善于变换切入角度，灵活地应付和驾驭各种局面以及场景。在上面这个案例中，里根高超的说话艺术体现了其思维的敏捷度，不仅化解了主人的窘迫，还体现了自己作为总统的胸襟与气度。

在一次记者招待会上，面对个别记者不太友好的提问，思维敏捷的某领导巧用幽默来回答。如对外国记者关于腐败的问题是这样回答的：“我不认为中国政府是最腐败的政府，像某些杂志所排列的次序，从来不是这样。中国的腐败案件当然要多一点，因为中国人多嘛！国民经济生产总值按人口分摊，中国比发达国家大大落后；如果腐败案件也以人口分摊，那么发达国家可就要比中国大大地腐败了。”这一回答，不仅反驳了不友好的提问，同时也因为幽默含蓄，给外国记者留了面子。

那么在说话的场合，需要什么样的思维才能提高思维的敏捷度呢？首先是辩证思维，也就是正反两方面看问题，这样可以让你看问题更有高度；其次是分析思维，这可以让你看问题有广度，不仅看问题比较全面，而且你言之有理，因为你把问题分析开了，具体了，这样就避免了无话可说的情况；最后是逆向思维，这可以让你更深层次地看问题。

总而言之，思维就是说话重要的基石，需要不断地、常常地练习，通过这几种思维方式来练习说话，假以时日，你就是一位思维敏捷的说话大师。

那如何训练出敏捷的思维呢？

1.掌握相当多的知识

思维敏捷来自于丰富的知识结构，你所掌握的知识越多，你说话时思维就越活跃、越敏捷，因为大量的知识让你触类旁通，左右逢源，毫无思维短路的感觉。因此你需要博览群书，不断地扩大自己的知识面，增加自己的知识量，说话之前做好充分的准备，熟悉你所需要表达的内容。

2.尽量多说

在各种场合都需要尽量地多说话，而且是主动地说话。比如，在公司会议上踊跃发言，在家里给老人读读报纸，看完了电影或者小说可以向朋友复述情节内容。这样你的思维就会逐渐敏捷，口齿也越来越伶俐。

密钥

语言就好像思维的外壳，思维则是语言的基础。说话既需要讲究方法，又需要训练思维，如此才能真正地做到内外兼修，也才能突破说话的“瓶颈”，同时让我们的说话水平依托着敏捷的思维而渐入佳境。

灵巧构思，因地制宜找话题

说话还需要因地制宜，所谓因地制宜就是能够将眼前的热点问题或就近发生的事情作为话题信手拈来，不刻意、不矫饰，从而达到征服听众的目的。很多人表示在说话时找不到合适的话题，不知道从哪方面说起，其实造成如此现象的关键原因在于缺乏应有的思维能力。一个思维能力较强的人，无论何时何地，无论手中是否有讲话稿，他都能快速找到合适的话题。

有一次，班上同学小花的一支漂亮钢笔不见了。班主任虽然教育过同学不要拿别人的东西，但像这种丢失现象还是时有发生。老师没有惊动任何人做了秘密调查，查清了是谁拿的。但老师并没有公开批评这个同学，因为公开批评会刺伤他幼小的心灵，损伤他的自尊心，他也不一定乐于接受教育。

当天下午，老师在班上开了一个主题班会，主题是：争做诚实的孩子。她首先引导同学们学习了《列宁打碎花瓶》这篇课文，然后让同学们讲述自己知道的有关诚实的故事，接着提出了三个问题让同学们讨论。讨论后，老师因势利导对同学们进行了教育：诚实、知错就改是中华民族的优良传统美德，希望做了错事的同学能主动承认并改正。人无完人，孰能无过。做了错事并不可怕，只要知错能改，仍然是一个好同学。

第二天，讲台上放着小花的钢笔，还有一张纸条，上面写着"老师，我错了"。从这以后，班上小偷小摸行为大大减少，同学们做了错事能主动承认并自觉改正，且养成了互相督促的好习惯，整个班风明显好转。

看过这个案例，相信你也会敬佩这位老师的思维能力。发现班里学生做了错事，老师及时地想到了即将要学习的课文《列宁打碎花瓶》。她先引导同学们学习，然后延伸话题，提出了"诚实、知错能改"的话题中心，如此一来，那位犯了错误的学生又岂能不懂呢？老师无声润物的教育指导，不仅让那位学生改正了自己错误的行为，而且还让所有的同学都受益匪浅。

因地制宜说话还有一个最大的好处，那就是能唤醒听众的热情。大多数人对于新近发生的事情或者最近的热点问题都相当关注，也可以说是十分熟悉。如果你能在说话时巧借热点或眼前发生的事情作话题，那无疑能完全契合听众的心态。另外，这样创新的话题能让听众更容易理解，同时也能体现出自己较强的逻辑思维能力。试想，如果有了听众的支持，你还愁自己当众说话不会成功吗？

当然，因地制宜说话还需要注意以下几点：

1.选择切合中心的话题

每一次说话应该有一个既定的中心，也就是你通过这次说话想要表达什么样的主旨。如果你只是将最近发生的事情乱说一气，那听众也不明白你到底想要说什么。

2.选择代表性的就近话题

你所选择的热点或者眼前发生的事情需要具有代表性，不能将东家丢了一只猫，西家遭小偷了这样的琐碎事情搬到台面上说，你应该选择更具有代表性和说服力的，否则只会贻笑大方。

密钥

如果你实在没有特别合适的话题，不妨就从最近发生的事情或者热点问题说起，不过，千万不能逮到什么说什么，也不能一味地求新求异去选择一些自己都搞不懂的话题，更不能冒充内行，乱说一通，否则要么瞎编乱造，中途卡壳，要么漏洞百出，贻笑大方。

言之有序，说话要有次重点

说话要注意言之有序，也就是说话内容有主次之分，换句话说就是有条理，并且需要有一个总的目标。说话是否达到了预期的目标，就需要看它是否被听众所理解、所接受。也只有听众理解了、接受了，才能证明你的说话是成功的。反之，如果你的话语不分主次，没有目的性，听众一头雾水，似懂非懂，这就意味着说话失败了。

说话的这个特性决定了说话者必须站在听众的角度上，按照听众的理解能力和接受能力联系实际、深入浅出，让说话内容展现一个清晰的目标以及重点。即便有时你需要含蓄隐晦地表达，说话也必须有条理，不能含糊不清，指令不明，这会让听众难以理解。

言之有序与一个人的思维能力有重要关系，思维是否清晰决定着说话是否有主次。比如，当我们在叙述一件事情的时候，需要抓住这件事情的重心，有顺序地进行叙述，语言要清晰、明白，千万不能东一句、西一句，让人听了不知道你到底在说什么。总而言之，说话有次重点，才能突出中心，彰显语言的逻辑性，否则说话就如同一盘散沙，不仅听众不知道你说的是什么，就连你自己也是如坠云里，摸不清东南西北。

明朝初年刑部主事茹太素上言奏事，皇帝朱元璋听到了六千多字时都还没有切入正题，龙颜大怒，说茹“虚词失实、巧文乱真，朕甚厌之。自今有以繁文出入朝廷者，罪之！”

于是命人将茹太素拉上殿来，痛打了一顿板子。打完板子之后，皇帝夜里又命人继续念这篇奏章，直到一万六千多字时，才知道这篇奏章到底要上奏一些什么事情，而且这上奏的五件事中，有四条意见可行。于是朱元璋把这些可行的事情交代下去，并对茹及其他臣子说，“许陈实事，不许繁文”，此奏章中只有五百来字是言之有物，以后写公文都应该吸取这个教训，并由此发布新的要求，革新文风，违者要治罪。

茹太素上言奏事，为何还被痛打了一顿板子？就是因为他的奏章表意模糊不清，没有主次之分，直到一万六千多字，才写出这篇奏章到底上奏的是什么事情。想想上司的时间有多宝贵，如果你汇报工作时缺乏逻辑、没有条理、十分啰唆，那你所得到的结局也就跟茹太素一样了。

要想说话有条理、言之有序，就应该注意以下几个问题：

1.注重语境

说话，一定要切合语境，就是指你要根据你说话的客观环境，包括时间、地点、目的以及说话的内容等来开始发表你的演讲，这样才能更准确地表达自己的想法。有的人不管语境，而是自顾着自己说，结果他在台上说了大半天，台下的听众还是不知道他所表达的意思到底是什么。因此，说话的内容一定要与你讲话的时间、地点与场合相对应，否则就有可能让听的人摸不着头脑。

2.突出重心

说话时，应该明确自己说话的目的，坚持话由旨遣的原则，这是说话取得成功的首先条件。只有明确了目的，才知道应准备什么话题和资料，采取哪种语体风格，运用哪些技巧，从而能够有的放矢，临场应变。如果目的不明，不顾场合地信口开河、东拉西扯，对方就会不知所云，无所适从。

3.多想才能言之有序

思考是让思维条理化的必由之路，在实际生活中，许多说话者并不是不会说，而在于不会想，想不明白自然也就说不清楚。如果你需要说一件事或介绍一个人，那你就要认真地想想事情发生的时间、地点以及过程，或者想想人物的外貌、特征等等。有了条理化的思维后，你才会让自己言之有序。

密钥

说话一定要目的明确，你说话需要达到一个什么样的目的，你才会为了达到预想的目的而调整自己的说话内容。如果首先你就没弄清楚哪些是重点哪些是次要的，只是在那里东扯西扯，那就会让你的表达不明确、不清晰，而听众对你的话也是听不出个所以然了。

每句话语都要符合逻辑

说话时逻辑一定要严密，有条理，保持思维的清晰，通过逻辑分析的方式，将自己说话的目的清楚地表达出来。思维形式其实就是我们在思考问题时所使用的概念、判断、推理。思维规律是我们在使用概念、判断、推理进行思维活动时必须遵循的规律。这些规律要求我们在说话时保持同一性，不能互相冲突，不能模棱两可，而是需要有充分的依据。这些是说话具有严密逻辑性的要求，必须贯穿在我们说话的每一个环节中。保持清晰的思维，让自己的每一句话都具有逻辑性，如此更能准确地表达出自己内心的想法。

我们经常会看到这样的现象：有的人啰啰唆唆说了大半天，下面的听众却如坠云里雾里，正当人们极力想弄明白他到底说的是什么，说话者却结束了自己的讲话，并表示："我很简单地发表了自己的一些看法，希望各位多多指教。"这时下面的听众却议论了起来："说了大半天，还说是简单地表达？""这人是不是脑子有毛病，自己都忘记说了多久了？""简直是浪费我的时间，说话没逻辑，想到哪里就说到哪里"。为什么说话者会如此令人生厌呢？关键的原因就在于他说话没有逻辑，没有归纳出自己所说内容的重点，让人根本搞不懂他在说什么。

著名诗人马雅可夫斯基是一位思维逻辑较强的演讲家。请看他在一次演讲大会上是如何应对的：

反对者："您讲的笑话我不懂！"

马："您莫非是长颈鹿？只有长颈鹿才可能星期一浸湿的脚，到星期六才能感觉到呢！"反对者："我应当提醒你，马雅可夫斯基，从伟大到可笑，只有一步之差！"

马（用手指着自己和那个人）："不错，从伟大到可笑，只有一步之差。"

反对者递上一张条子，上面写道："马雅可夫斯基，您今天晚上得了多少钱啊？"

马："这与您有何干？您反正是分文不掏的，我还不打算与任何人分哪。"

反对者："您的诗太骇人听闻了，这些诗是短命的，明天就会完蛋，您本人也会被忘却，您不会成为不朽的人。"

马："请您过一百年再来，到那时我们再谈吧！"

在这个案例中，马雅可夫斯基面对反对者讽刺的提问，以其人之道，还治其人之身，用偷梁换柱予以回击，有力地打击了反对者。当然，如此的语言反击不仅具有幽默感，而且体现出更高的逻辑思维能力。而正是如此逻辑严密的反击，才让反对者无法找出语言的漏洞进行讽刺，也正因为如此，马雅可夫斯基才赢得了反击的胜利。

那么，我们如何才能增强自己话语的逻辑性呢？

1.观点明确

说话者所表达的思想观点必须明确，是什么就是什么，不能模模糊糊，或者模棱两可。你在说话中需要肯定什么、反对什么，这些都需要明确，决不能似是而非。如果你的话语陷入了含糊其辞的境地，就让听众难以琢磨，不知道你到底在说些什么。

2.不能随意地变换话题中心

一段话中只能有一个确定的思想，这个思想就是贯穿整段话的中心，说话者不能另外选择一个中心，也不能随便变换中心，否则这段话中就存在多个中心，听众自然不知道你在说什么，也不懂得你所表达的思想。随便变换话题，很容易给听众造成错觉，也很容易分散听众的注意力。

3.话语前后保持一致

在说话时，人们最容易犯的就是自相矛盾的错误。比如“我基本上完全同意他的意见”，这句话就是表达有误，“基本上”和“完全”是两个逻辑意义不同的词语，“基本上”意思是绝大部分但绝不完全，那如此理解而来这句话就是自相矛盾的，说话者自己也难以自圆其说。

密钥

说话需要言之有理、持之有据，当你提出一个观点之后，需要用大量的材料来论证这个观点，让听众听了觉得很有说服力。当然，你所寻找的材料论据，需要是真实的、准确的，一定要经得起实践的检验，如此说话才能做到事真、情真、理真，也才能令人信服。

第05章　说得巧妙，慧心兰语更靠谱

说话二字，在于妙。人生百般滋味，莫不是妙言妙语。在生活中的许多场合，化解矛盾或者说服对方，最需要的就是适时的巧言妙语。这时候并不需要太多的言语，也不需要太多的语言技巧，重要的是符合时宜。

遭遇挑衅，一语扭乾坤

有时候我们会遇到对方的挑刺或者故意刁难，这时不可避免地会将自己陷入困境中。在这样的情况下，我们该如何扭转乾坤，让那些故意刁难者知难而退呢？其实，这也需要一定的思维能力，快速地想到扭转局势的办法，才能巧妙地化解尴尬，为自己解围。否则，如果你只是傻傻地在那里站着，那只会让那些故意为难你的人更得意，也会让所有人看笑话。

有一次，一位外国记者采访周总理，周总理刚批阅完文件，顺手把钢笔放在桌子上。外国记者看见桌子上放的是一支美国生产的“派克”钢笔，便故意问：“请问总理阁下，你们堂堂的中国人，为什么还要用美国生产的钢笔呢？”

周总理朗声笑着回答道：“提起这支笔，那可说来话长。这不是支普通的笔，是一位朝鲜朋友抗美的战利品，他把这支笔作为礼物送给我的，我无功不受禄就想谢绝，哪知那位朋友说，留下作个纪念吧！我觉得有意义，便收下了这支美国生产的钢笔。”

那记者听完后，一句话也说不出来。

周总理针对外国记者企图讽刺、讥笑中国落后，成功地顺势牵引，说了这番风趣而又有分量的话。周总理用“战利品”“作个纪念”和“觉得有意义”等词句暗示中国人民的强大。

美国曾有个政界要人叫凯升，20世纪40年代他首次在众议院里发表演讲时，打扮得土里土气，因为他刚从西部乡间赶来。

一个善于挖苦讽刺的议员，在他演讲时插嘴说：“这个伊利诺斯州来的人，口袋里一定装满了麦子吧？”这句话引起哄堂大笑。

凯升并没有因此怯场，他很坦然地回答说：“是的，我不仅口袋里装满了麦子，而且头发里还藏着许多菜籽儿呢。我们住在西部的人，多数是土里土气的。不过我们虽然藏的是麦子和菜籽儿，却能够长出很好的苗来！”

这句话立刻使凯升的大名传遍全国，大家给他一个外号“伊利诺斯州的菜籽儿议员”。

这位“菜籽儿议员”采用的正是顺势牵引法。他深知顺势的道理，把对方的冷嘲热讽当做可以利用的交通工具，顺路搭车，抵达了自己的目的地。

那么，在具体的说话场合中，我们该如何替自己解围呢？

1.顺势牵引

顺势牵引法的特色是不作正面抗衡，而是在迂回的交谈中，顺着对方的话说下去，借力胜敌，从而成功达到自己的目的。说话者在面对对方不怀好意的提问时，不要针锋相对，也不要给予他正面回答，而是巧妙采用迂回的战术，顺着对方的话说下去，把对方的讽刺挖苦当做可以利用的工具，顺势牵引，然后再找出反驳的话语来，打消对方的气焰，使自己摆脱困境。

2.顺水推舟

难免有人会在说话过程中故意提出一些带歧视、轻视、敌视性的问题。对待这些刁难者，说话者不能像对待善意的质疑者那样，而是应该不客气地给予回击。但是这样的回击很讲究技巧性，不能直接回击，而是需要灵活采用顺水推舟的方法。

3.避实就虚

有时候你不需要正面去回答那些故意刁难的问题，你可以避开要害，谈论一些无关紧要的话题，以转移人们的注意力。

4.欲扬先抑

有时候，对方会提出一些很刁钻的问题，可能你的回答会恰好中了他的圈套，这时你不妨先承认他的观点，然后再巧妙地提出你的观点使他接受。

密钥

在公众场合，如果你遭受到了听众非善意的顶撞、攻击、讽刺挖苦或者出言不逊，你不需要以牙还牙，针锋相对，这样会让局面发展到更加不可收拾的地步。你可以将对方的讥讽之词当作前提，作为铺垫或条件，顺势表达出自己内心的看法。

化解尴尬，绕过言语禁区

在日常交际中，人们常常因固执己见而争论不休，因为一句不适当的话而冷场，或者因为突发状况而形成难堪情境等等，各种原因都会造成僵持的局面，难以缓和的气氛横亘在交流双方之间，整个场面就如同冰山一般冷掉了。这时候，当事人或者局外人，需要适时地说几句话来打破僵局，化解尴尬的气氛，使交流得以正常地进行下去。

20世纪50年代，在一次中国的国宴中，外宾见了菜中的笋片是法西斯标志的形状，感到迷惑不解，于是询问周总理。

周总理一看，发现是民族图案“万”翻滚后形成的，便解释说：“这不是法西斯标志，是中国传统图案，叫‘万’字，象征福寿绵长，是对客人的良好祝愿！”接着他又风趣地说：“就算是法西斯标志也没有关系嘛！我们大家一齐来消灭法西斯，把它吃掉！”听了这机智巧妙的解说，宾主哈哈大笑，气氛更加友好热烈，这道汤菜很快被吃了个精光。

由于中国传统图案“万”字符与法西斯的标志相似，造成了尴尬的局面，在外事交际活动中，出现这样的事情当然令宾主都很不悦。这时候，随机应变的周总理将严肃问题诙谐化，解释了“万”字符，而且还号召大家吃掉“法西斯”。简单的几句话打破了僵局，也令现场的气氛活跃起来。

有一次，小娜和几个同事一起去参加省里的业务考试，当她们走进考场时，只见阿梅的桌子上钉有三颗大钉子，且凸出很高。这不仅会刮衣服，也会影响答题的速度。阿梅一脸的怒气要求监考老师换桌子，可监考老师说：“现在不能换，别违反考场纪律！”阿梅气得柳眉倒竖，连说：“真倒霉，不考了。”小娜见了连忙说：“有几颗钉子算什么！”阿梅说：“你说得轻松，这可是三颗钉子，躲都躲不过去呢！”小娜说：“你太幸运了，我还求之不得呢！”阿梅说：“你别拿我开心了，这么倒霉的事要让你碰上，你还能说幸运？”小娜说：“你知道这三颗钉子说明了什么吗？这叫板上钉钉！说明你今天的三科考试铁定都能过关。”阿梅听后马上转怒为喜：“借你吉言，我要是三科都及格了就请你吃饭。”结果一个月后发布成绩，阿梅果然三科都顺利过关。

本来桌子上有三颗大钉子是令人生气的，更何况还需要坐在这里考试。这时候，小娜为了打破僵局，在阿梅气恼时，将“板上钉钉”的俗语与考试联系了起来，说她“三科铁定都能过关”。这话正好说到了阿梅的心里，于是僵化的气氛化解了，阿梅借小娜的吉言获得了好成绩。

在日常交际中，如何利用三言两语打破僵局呢？

1.幽默解说

在交际场合，过于严肃和枯燥的气氛往往不被人们所接受，这时候就需要用幽默的语言让现场变得灵活些、有趣些。有时候，一个敏感的问题就使整个场面僵掉了，甚至妨碍了正常交际的进行，这时候就可以通过幽默的解说将问题诙谐化，打破僵局，使交际得以顺利进行。

2.强调问题的合理性

有时候对方可能是因为在特定的场合做出了不合时宜、不合情理的举动，这令旁人很费解，导致了整个局面的僵持。这时候我们就需要找一个角度或借口，强调对方行为的合理性，就能打破僵局，缓解气氛。

3.利用谐音巧解

有一个货车司机的车牌号码是“16444”，亲戚朋友都说这个数字不吉利，车主无言以对。这时候，有人却说：“大爷，你这个号码好，它们可以理解为‘多拉发发发’，只要你多拉货，就一定能发财。”这个人利用谐音巧解，打破了僵持的局面。

4.逆向思维

面对突如其来的尴尬局面，当事人无可奈何的时候，我们可以跳出固定思维，从反面去思考，做出让双方都满意的解释，打破僵持的局面。

密钥

遇到僵局时，可以利用突发事件与语言的玄妙之处进行机智的解答，使当事人转忧为喜，也使整个紧张气氛得以缓解，为大家营造愉快的气氛。

言不在多，在于符合时机

那些会说话的人之所以会获得成功，并不在于他说了多少话，而在于他掌握了说话的时机。正所谓“言多必失”，成功者更注重把握说话的时机，不管在什么场合都显得落落大方，说话的时候说得很充分，不该说的时候一句话也不说。口齿伶俐、侃侃而谈，这是很多人所向往的，但如果自己在不适当的时机口无遮拦，说了错话，说漏了嘴，这也是难以弥补的过失。

著名作家大仲马说过：“不管一个人说得多好，你要记住，当他说得太多的时候，终究会说出蠢话来。”我们每个人都应牢牢记住这句至理名言，要明白言不在多，一定要把握说话的时机，这样才能深入地影响对方的心理。

有一个印刷厂的老板，在经营了多年之后萌发了退休的念头。他原来从美国购进了一批印刷机器，经过几年使用后，扣除磨损费应该还有250万美元的价值。他在心中打定主意，一定不能以低于这250万的价格出让这批机器。

有一个买主在谈判的时候，针对这批机器的各种问题滔滔不绝地讲了很多缺点和不足，这让老板十分恼火。但是在他刚要发作的时候，突然想起自己250万元的底价，于是又冷静了下来，一言不发，看着那个人继续说。结果到了最后，那人再没有说话的力气，突然蹦出一句：“嘿，老兄，我看你这个机器我最多能够给你350万元，再多的话我们可真是不要了。”于是，这个老板很幸运地比计划多卖了整整100万美元。

正所谓“静者心多妙，超然思不群。”那些滔滔不绝的人往往是最沉不住气的人，一旦遇到了冷静的对手，就最容易失败，因为急躁的心情让他们没有时间考虑自己的处境与位置，也不会静下心来思考有效的对策。在上面这个案例中，那位啰唆不停的买主正好中了老板无意设下的“陷阱”，不等对方发言，就迫不及待地提出建议价格，这无异于自己拿空子让别人钻。

一家小公司与一家大公司进行了一次贸易谈判，大公司的代表依仗自己的实力，滔滔不绝地向对方介绍情况，而小公司的代表则一言不发，埋头记录。大公司的代表讲完后，征求对方代表的意见。小公司的代表好像突然睡醒了一样，迷迷糊糊地回答说：“哦，讲完了？我们完全不明白，请允许我们回去研究一下。”于是，第一轮会谈结束。

几星期后，谈判重新开始，小公司的代表声称自己的技术人员没有搞懂对方的讲解。结果大公司代表没有办法，只好再次给他们介绍了一遍。谁知，讲完后小公司代表的态度仍然不明朗，要求道：“我们还是没有完全明白，请允许我们回去再研究一下。”就这样，结束了第二次的会谈。

过了几天后，第三次会谈上小公司的代表还是一言不发，在谈判桌上故伎重演。唯一不同的是，这次他们告诉公司，一旦有讨论结果立即通知对方。过了一段时间，大公司觉得这次合作已经没戏的时候，小公司的代表找上门来开始谈判，并且拿出了最后的方案，以迅雷不及掩耳之势逼迫大公司，使对手措手不及。最后，达成了一项明显有利于小公司的协议。

一家小小的公司居然能够打败大公司，在谈判中获得了成功，这关键在于小公司代表懂得沉默，懂得掌握说话的时机。在说话时机尚未成熟的时候，他们一直不说话，使对方摸不着头脑，盲目骄傲自大，同时也为自己赢得了时间去研究对手的方案，给了大公司措手不及的一击。可见，说话看准时机比说话多更有效，它能起到滔滔不绝完全达不到的效果。那么，在日常生活中，我们该如何看准说话的时机呢？

1.占据优势时少说话

在谈话过程中，如果我们完全占据了优势的位置，这时候需要少说话，对方在无措之时自会露出破绽。

2.不了解情况时少说话

有时候，在不了解对方的情况时不要盲目地乱说，需要谨慎用语，否则可能会给对方提供可乘之机，使自己遭受很大的损失。

3.气愤时少说话

当自己或对方的情绪激动的时候最好少说话，这时候一旦开口不慎就会引发一场争执。最佳的说话时机是等双方都冷静下来，只有这个时候双方的交流才能顺利进行下去。

密钥

言不在多，少说话可以使自己有更多的时间思考，经过思考之后，再找准说话时机，这样说出的话会更精彩。在日常交际中，我们应该少说话，特别是当一个比自己更有经验的人在场的时候，如果自己说得太多了，就无疑于自曝其短，这样继续下去的结果将对自己很不利。

迂回战术，躲过对方的言语打击

迂回，是一种战术，即当自己处于劣势的时候不直接与对方抗衡，而是采取你进我退、你退我进的方式，巧妙周旋，躲过对方的进攻。我们在进行语言表达的时候，也经常会用到“迂回”这一口才心理策略。迂回的说话方式实际上就是一种拖延战术，目的就是找到沟通的最佳契合点，或者争取更多的时间有利于沟通的顺利进行。

当对方采取言语攻击，或者沟通不良的时候，我们可以依靠迂回的说话方式，跳离原来所谈论的话题，巧妙躲过对方的言语攻击，突破沟通障碍，以此让沟通顺利进行。

在一次新闻界的餐会之中，美国总统艾森豪威尔应大家的要求站起来说话。他说：“大家都知道，我不是善于言辞的人。小时候我曾经去拜访过一个农夫，我问这个农夫：‘你的母牛是不是纯种的？’他说不知道，我又问：‘这头牛每个星期可以挤出多少牛奶呢？’他也说不知道。最后，他被问烦了，就说：‘你问我的我都不知道，反正这头牛很老实，只要有奶，它都会给你。’”艾森豪威尔笑了笑，对所有在场的新闻界人士说：“我也像那头牛一样老实，反正有新闻，一定都会给大家。”这几句话让大家哄堂大笑。

艾森豪在这里就使用了迂回的说话方式，他并没有正面回答新闻记者的问题，而是兜着圈子告诉大家：你们没事就别紧追着我问，反正我有新闻一定会给你们的嘛！言辞中得体地表达了自己对新闻媒体总是紧紧追问的反感，而且，迂回而又幽默的表达方式令在场的人都忍俊不禁，为整个餐会营造了愉快的氛围。

萧伯纳的名剧《武器与人》首演时，获得了极大的成功，他应观众的要求来到台前谢幕。这时候，有一个人在首座高喊“糟透了”。对于这种无理的语言，萧伯纳并没有怒气冲冲，他微笑着对那人鞠了一躬，彬彬有礼地说道：“我的朋友，我同意你的意见。”他耸了耸肩，又指着正在热烈喝彩的观众说道：“但是，我们俩反对这么多观众又有什么用呢？”观众顿时爆发出更为热烈的掌声。

面对无礼者的言语攻击，萧伯纳并没有正面回应，而是巧妙地迂回，躲过了对方的攻击。而且，萧伯纳在回答对方的过程中无论是温文尔雅的举动，还是那戏弄的言辞，都显示出一种平和的情绪，单单就这情绪就能压倒对方。

其实，我们在日常交际中，经常会或多或少地运用到迂回的策略。比如说话绕圈子；绕道而行；用比喻、影射的方法举例说明；讲故事、寓言；找出彼此之间的关系；采用游击战术等等。那么，我们在使用迂回战术时应该注意哪些方面呢？

1.保持平和的情绪

遭遇对方的言语攻击，我们需要做的就是不要激动，学会控制自己的情绪。在这时候保持平和的情绪，对反击对方十分有利，一方面可以表现自己的涵养，另一方面可以冷静、从容地思考出最佳的对策。

2.含蓄地表达

对他人无理的言语攻击，我们可以含蓄地表达自己的不满情绪，但不宜锋芒毕露，而是需要旁敲侧击，可使对方无小辫子可抓，这样的表达方式更有效果。

3.适当反击

面对他人的言语攻击，我们不仅需要巧妙迂回，保护自己的要害，而且还需要作出适当的反击，一下子击中对方要害，使对方哑口无言，令对方刮目相看。

密钥

简短的语言并不是都得单刀直入地说，我们可以把话说得迂回婉转，巧妙回避了对方尖锐的问题而又一针见血地表达自己的想法，如此一来，将有效地影响他人心理。

Part 2

方法对了，话就对了

§

沟通顺畅，在生活、工作中非常重要。沟通不畅，就好像水管堵塞，其后果可想而知。学会沟通，一定要懂得讲究方法。毕竟它不只是语言，还包括动作、姿态、眼神、表情等，而且沟通的目的、时间以及对象都需要很好地把握。

§

第06章　有效沟通，找准步骤再进行

沟通，即是为了某种目标，把信息、思想和情感在个人或群体间传递，达成共同协议的过程。那么，为了促进一次有效沟通，则需要把握好沟通的步骤：事前准备、确认需求、阐述观点、处理异议、达成协议、共同实施。

多积累知识，开口才能言之有物

对于说话者来说，要善于在自己的语言中渗透知识性，说话既深刻又需要有力度，这样才能尽可能地给听众提供更多的有价值的信息，让人感觉到“听有所获”，而不是觉得“白听了”。一个人的发言直接体现了其认知水平和知识含量，如果说话没有深度，没有知识，那听众是不可能肯定你的说话水平的。说话要内容有知识性，充实具体、言之有物。要想做到这一点，就需要说话者多读书，积累更多的知识，因为一个好口才的说话者，肯定是一个拥有广博知识的人。

一个人说话就是需要把自己肚子里的“货”倒出来，如果肚子空空如也，那如何能展现自己的好口才呢？因此，要想做一个能说会道的人，就一定要注重自己的知识储备，只有自己拥有丰富的知识储备，才能够自由随意地讲故事、说民谚，在任何时候都能够把知识信手拈来。

战国时的张仪为推行“连横”立下了汗马功劳，被誉为有“三寸不烂之舌”。他之所以能所向披靡，一个重要因素是他在说话的时候，能够把自己的知识融入其中，言之有物，讲话内容充实具体。他充分了解各国的形势和军事力量，了解各国国君和将士的心理，从而对自己的游说目标非常明确，使被劝说者心悦诚服。

培根说：“读书足以怡情，足以博采，足以长才。”人们也常说“读书破万卷，下笔如有神。”说话也是如此，读书多的人，往往能出口成章，说得精彩；读书少的人，或者口齿木讷，或者不着边际，很多时候都是在重复堆砌一些辞藻。说话者想要避免套话、虚话、空话连篇等“话”风不正的问题，就必须多读书，注意吸取古今中外思想文化的营养，开阔视野，拓宽知识面。

人们看电视节目就是为了放松心情，当一天工作忙碌了下来，精神疲惫，希望能通过娱乐性较强的节目来放松自己，使自己得到休息。在这种情况下，人们很少会想到通过节目来学习积累知识和说话素材，他们更容易被那些娱乐性节目所吸引，比如选秀节目、肥皂剧等。诚然，并不是说娱乐性的节目就不能挖掘到可用的素材，而是相比较那些有品味的节目，这些娱乐性节目提供我们的说话材料会相对比较少而已。虽然，看电视节目是一种休闲活动，但我们还是需要尽量选择那些稍微有品味有价值的节目。

《杨澜访谈录》是由杨澜创办并亲自主持，与上海东方卫视合作的一档新的访谈节目。该栏目以精彩人物、精彩话题为主要特色，关注人的性格特征和独到见解，以历史的深度和广度，表现个体与社会的相互作用，寻找人类智慧的光芒。节目定位锐意求新，突出人文和国际化特色。

《杨澜访谈录》自1998年1月创立以来，已访问包括美国前国务卿基辛格、美国著名电视主持人克朗凯特、中国副总理钱其琛、澳门行政区行政长官何厚铧、前国家主席刘少奇夫人王光美、台湾作家李敖、中国著名声乐教育家周晓燕和国际传媒大亨默多克等在内的近两百位来自海内外在政治、经济、科技、文化等具代表性的知名人士。

如果你能长时间观看此类访谈节目，你就可以从中了解政治、社会、文化、经济等各方面的不同知识，从而增长自己的见识，拓展自己的视野。

1.尽量多积累知识

一个知识贫乏的人往往会鼠目寸光，显得胸襟狭隘，说话肤浅没有深度。这样的一个人如果被邀请发表讲话，就很有可能当众被哄下台。

说话者对于知识的积累、材料的占有就如“韩信点兵，多多益善”。从语言的运用来看，知识无疑是思想、感情得以成功的土壤，知识也是口才能够闪耀光彩、释放魅力的基础。如果你拥有丰富的知识，不管你身处何时何地，都可以随机应变、左右逢源。

2.善于思考

积累了一定的知识，还需要善于思考。只有善于思考，才能出观点、出新意。不然就会人云亦云，没有真知灼见；就会老生常谈，提不出新思路、新见解。真正鲜活生动、富有创造性的见解是与深入的思考分不开的。

密钥

对于说话者来说，就算不是为了追求“黄金屋”“颜如玉”，通过读书确实可以达到提高说话水平的效果，我们可以这样说，“书中自影响力，书中自有个人魅力”。古今中外伟大的政治家、演说家，无一不是博览群书的。书里的知识给他们带来智慧，让他们才思敏捷，让他们具备了与众不同的素养，当然在说话时也有了出众的表现。

营造和谐氛围，使沟通顺利进行

在生活中，我们运用各种方式沟通和交流，其实，人际间的沟通是一个相当复杂的互动过程，包含了很多因素。在众多的沟通方式中，谈话是一种最常用的方式，而谈话的目的是思想、情感的交流和观点情绪的碰撞。在交谈过程中，人们常常忽视了一个影响谈话目的重要因素——良好的谈话氛围。许多人一开始并不注重这个问题，直到谈话真正陷入了尴尬之中，才意识到双方的谈话氛围很糟糕，根本达不到谈话的理想效果。

人的思维流程有两个基本渠道，一是独立思想，二是主客交流或刺激产生反映，后者谈话过程中必不可少的。有时候，常常是因为谈话氛围的尴尬，使得对方的言谈变得拘谨、僵硬，在这样的状态下，人们很难流露出自己的真实想法，一般都是说空话、大话。著名主持人崔永元在《不过如此》中写道："好的谈话就像漫步聊天，话题忽上忽下，忽左忽右，却不会偏离主题。一会儿，你是谈话的组织者，一会儿，他是谈话的发起者。有话则长，无话则短，因为轻松所以避免不了言不由衷。"如此看来，营造一个良好的谈话氛围对于谈话有多么地重要。

崔永元是《实话实说》谈话节目的主持人，据说，他是一个善于营造轻松谈话氛围的高手。他在每次录制节目之前，都要在现场做个热身，或讲故事或说笑话，特别能缓和嘉宾的紧张情绪。

有一次，在节目开始录制之前，一个小嘉宾问崔永元："今天谁是主持人？"崔永元回答说："今天的主持人就是我。"没想，那个小嘉宾说："叔叔，你长得这么难看，还当主持人啊？"听了这话，即使身经百战的崔永元也感到手足无措，但是过了一秒钟，他灵机一动，回过头把刚才小嘉宾的话告诉了现场的观众，与大家一起分享这个尴尬。顿时，现场一百多人都笑了，而且响起了阵阵掌声，这掌声给崔永元以自信，现场被一种很轻松的气氛包围着。就这样，节目顺利地进入了录制阶段。

在谈话中，最忌讳的就是出现尴尬的场面。在这里，崔永元感到了尴尬，他知道如果自己不说话，那么整个交流就陷入了难堪，这会影响到节目的录制。于是，善于调节谈话气氛的崔永元当即把自己的尴尬大方地讲出来，与现场一百多人分享自己的难堪。表面上看这是很愚笨的方式，却赢得观众的阵阵掌声，在那一瞬间，轻松的气氛又回来了，使整个谈话节目得以顺利进行下去。

那么，什么才能算是良好的谈话氛围呢？一般而言，良好的谈话氛围是轻松而随意的，你三言，我两语，没有防备，没有顾虑，每一句话都是发自内心的。在交谈过程中，我们可以通过以下几种方法来营造良好的谈话氛围。

1.真诚地融入谈话中

不管你是大老板还是贫民百姓，在与他人谈话的时候，不要有任何附带的角色，不要因为你是大老板就表现得很嚣张，也不要因为你是普通百姓而自卑。我们需要淡化社会角色意识，以真实的面目进入到谈话中，这样才能表达出自己最真实的思想感情。

2.以“点”为契机

由于我们所面对的谈话对象的地位、身份、职业、年龄、性别、学识的不同，势必需要我们以不同的方式、手段来营造一个对方最容易接受的轻松的谈话氛围。而这个良好的谈话氛围需要以“点”为契机，这个“点”可以与话题直接相关，也可以与话题间接呼应。有时候，原本是一个很严肃的话题，也可以从最轻松的话题入手。

3.言辞诚恳，表现自己的亲切感

在谈话过程中，亲切感是人们接受的前提，因为亲切感可以消除对方的紧张情绪，从而消除交流中的障碍因素。当然，心理上的亲和来自诚挚的态度，在谈话的时候，我们应该保持诚恳的言辞、亲切平易的心态，这是获得他人认同的必要条件。

4.适时幽默

幽默是顺利进行谈话的“润滑剂”，不过，有时候，你的幽默不一定得到他人的回应，这时，你需要考虑幽默是否适时。在交谈过程中，具备幽默感是一种能力，而运用幽默、适时幽默则是完成双向交流的另一种本领，幽默本身是最能营造和谐、轻松直至理想的谈话环境的。而且，幽默并不是讲笑话这样简单，而是一种良好心理素质的直接反映。

密钥

良好的谈话氛围对于谈话有很好的促进作用，毕竟，谈话的目的是交流思想感情，这就需要双方说出自己最真心的话语。而轻松的氛围能让人卸下伪装，卸下防备心理，从而进入到一种随意的谈话场景，这样一来，就不会产生“言不由衷”的情况了。

言语试探，确认对方真实需求

在日常工作中，与客户谈判成为了我们工作的主要内容。而现代商务谈判均是以互惠互利为目的，以洽谈磋商为手段，这就免不了要与对手进行一番正面的交锋。甚至，我们可以说谈判其实就是一场心理战，谁能掌握了主动权，谁就能赢得最后的胜利。

俗话说：“知己知彼，百战不殆。”在一番心理较量中，如果我们能有效地识破对手的真实意图，无疑为整个谈判成功赢得了最佳的机会。必要的时候，我们可以利用对方的底牌给予适当的压力，这会令对方更容易做出决定，他会在压力之下不得不答应我们的要求。所以，面对对手，我们要有信心去打好一场心理战，在心理较量中识破对手的真实意图，以此达到自己的谈判目的。

20世纪80年代，我国与突尼斯SIAP公司的商务技术代表就在我国兴办化肥厂的有关事项进行谈判。中突双方都非常重视这个建设项目，双方完成的可行性研究报告经有关人员的反复论证，选择了具有优越港口条件的秦皇岛市作为建厂地点。可行性研究报告刚刚结束，科威特石油化学公司得此消息，便立即表态，愿参与此项目，与中方合资办厂，并派出了谈判代表。

可是，出乎意料之外，在谈判一开始，对方听了我方介绍完该项目的前期工作，就断言："厂址选在秦皇岛不合适，你们所做的一切工作都是毫无用处的，要从头开始！"这话无异于晴空霹雳，我方一时难以提出反驳意见，谈判陷入僵局。我方代表愣住了，没想到对手一来就是一个下马威，目的是想以嚣张气焰逼迫我方败下阵来，以便答应他们提出的条件。可是，对手不过也是吓吓而已，放弃秦皇岛并不是他的真实意图，他真正的意图是以最少的代价征用秦皇岛的土地。这样想来，弄清楚了对手的真实意图，我方代表心生一计。

我方一代表猛地起身发言："我们为了建设这个化肥厂，安置了……看来这事项要无限地拖延下去了，那我们也只好把这块地让出去！对不起，我还有别的事情需要料理，我宣布退出谈判，今天下午我等候你们最后的决定！"三十分钟后，情势急转直下，对方表态："快请代表先生回来，我们强烈要求迅速征用秦皇岛的厂地！"

谈判最终取得成功的秘诀在于，我方代表识破了对手的真实意图：他只是想以最小的代价征用土地，并不敢真正地舍弃秦皇岛这个占据优势的地理位置。于是，我方代表巧妙应付，向对手表示"那我们只好把这块地让出去了"。没想，这样一说，真的吓坏了对手，一下子击中了对方的要害，令其不得不降服。

在谈判过程中，我们需要灵活使用心理战术，以此来识破对手的意图，如此才能抢得先机，也才能赢得谈判的最后胜利。

1.以静制动，谋定而后动

在谈判中，以静制动，就是敌不动我不动，静观其变。在双方的对峙中，你若按捺不住，四处乱动，那么，你的胜算就会少之又少；如果你能以静制动，那么，你会逐渐转化自己的劣势为优势，而且，在这等待的过程中，你能够通过对手表现出来的言行而识破他的真实意图，这样，对手就处于被动地位了。

2.懂得退让，才能识别对手的底牌

在谈判过程中，若是紧紧相逼，不仅不能识破对方的真实意图，反而会使自己陷入难堪的境地，因此我们需要懂得退让。另外，让步不能一步到位，而是应该一步一步地退让，而且让步也不能太早，过早的让步往往会导致己方的后悔。但是，若关键时刻不肯让步，也容易导致谈判的破裂。大多数情况下，当对方已经到了让步的最后阶段，我们可以适当做出让步，让谈判得以顺利进行。

关键的是，在让步之前可以做一些假设性提议，试探对方。比如“如果我们把价格降低5%，您能确定和我们签约吗？”这样不会让你受到约束，也可以帮助你识破对方的真实意图。

密钥

所谓“商场如战场”，面对强有力的对手，我们不仅仅要具备良好的心理素质，更需要通过对手表现出来的细枝末节去揣摩其真实意图。简单地说，你需要知道对手手中拿着的最后一张王牌，否则，你只会败下阵来。

恰到好处地运用态势语言

凡是通过手势、姿态、眼色和面部表情来进行信息传递、思想沟通、感情交流的活动方式，统统称为态势语言。虽然人们已经了解态势语言在人际交往中的作用，但真正将态势语言有效地运用到人际交往中不是一件很容易的事。这就需要我们做两件事情：一是理解别人的态势语言，二是恰当使用自己的态势语言。

态势语言比口头语言能够表达更多的信息。态势语言，虽不是由口部发出的语言，却起了极大的辅助作用。所以，作为一名说话者，要实施自己的行为，准确、有效地表达自己的意向和感情，就必然需要运用态势语言。就像人们常说的“我一看你就知道你要说什么”，这就是利用态势语言传播信息。

态势语言的内涵主要表现在以下几个方面。

1.人类语言的精华

罗曼·罗兰曾经说过：“面部表情是多少世纪培养成功的语言，是比嘴里讲的更复杂千百倍的语言。”在信息表达中所占比率较高的态势语言是一种最古老、最原始的交际方式，是历史最悠久且必不可少的交际方式，也是人类思维及其表现形式——语言的长期积淀物，是人类语言的精华。态势语言艺术的高低往往在一定程度上决定着说话者水平的高低，决定着活动能否有效地开展。大量事实说明，在自己的语言艺术中，态势语言艺术具有重要地位。

我们所进行的一系列活动，在某种程度上看，就是一个以协调、组织为主要内容的信息表达过程。而在这一过程中，如果我们能够有目的、有意识地引进态势语言，这对于提高我们的信息表达水平，一定会起到重要作用。

2.形成最佳第一印象的关键

我们的第一印象的形成就更需要态势语言的参与。如果第一印象好，人们在以后对其语言、行为，往往就容易向好的方面推理，有利于为自己树立良好形象和威信；相反，如果态势语言拙劣，给人们的“第一印象”很糟，简单地说，就是“头三脚”踢不出去，那你想扭转这种不良印象，难度就会加大许多倍。因此，作为一名说话者，必须十分重视态势语言艺术的培养。

2.传达和联络感情的“信使”

在与人们的交往中，可以采用适度而恰当的态势语言，有效地洞察对方的心理，了解对方的行为目标，巧妙地掌握对方的意图。这样可以有利与对方进行更好地沟通，做好各方面的工作。我们与他人沟通的手段有许多，其中之一就是态势语言。

有时候许多事情既不好用口语形式表达，又不好用文字形式表达，而只能用态势语言去表达。因此，我们还可以运用态势语言向下级输出思想和感情信息，及时地将自己的信息和意向传达给对方。用态势语言来进行艺术化的表达，既能达到预定目的，又可以避免和消除口语或文字表达所带来的副作用。

4.衬托有声语言的“绿叶”

俗话说，“好花还要绿叶扶。”一个人在讲话，不能只是声音起作用，必然要有表情、语气等，这就产生了态势语言。一般说来，态势语言可以单独进行，而有声语言是不能单独进行的。因为，没有态势语言参与的声音语言是不存在的。只不过有些态势语言的表达，有水平高低之分。如果我们说有声语言是红花，那么态势语言就是绿叶，有声语言只有加上态势语言的衬托，才能使自己声、色、姿、情俱佳，发挥出巨大作用。

密钥

一个人的态势语言是其活动的信息载体，是其语言的重要部分，因此加强自己的态势语言艺术是十分必要的。总而言之，态势语言对于个人威信的塑造是十分重要的。因此，我们在进行语言表达的时候，应该巧妙、灵活地运用自己的态势语言，才能够更有效地进行语言表达。

掌握说话的奥妙，让你高效表达

交际过程中，我们还需要掌握说话的细节奥妙。一位有教养的说话者，不仅要掌握一定的管理知识，而且应该很好地把握说话的奥妙。大量事实证明，说话的魅力并不在于说得多么流畅和滔滔不绝，而在于是否善于真诚表达。同时，对于我们来说，要想获得良好的人际关系，抓住对方的心理是相当重要的。

1.抓住对方的心理

抓住对方心理是和别人交往、说服别人的重要途径。人与人交往的困难点不在于缺少共同话题或表达不清，而是在于是否看透对方的内心，并在此基础上巧妙地表现自己。每个人的心理十分微妙，有时候，即使是同样的一句话也会因对方的情绪变化而得到不同的理解。而这时候，就需要读懂对方的内心，这样才能够顺势控制其情绪的变化。

我们在实际交际中往往会遇到一些沉默、不善言辞的人，那些沉默者就是一扇关闭的门。如果我们在谈话中稍有不慎，那么对方就永远不会向你敞开心扉。怎样才能使沉默寡言的人主动向你敞开心扉呢？首先应该进入对方的内心世界，只要我们抓住了沉默者的心理，对方就会很容易地向我们敞开心扉。那么，如何抓住对方的心理呢？

（1）同情其处境

我们可以使对方感觉到自己十分同情他的处境。有时候，对方因为遭遇挫折而不言语，我们不妨在这个时候表示对其的同情，你可以用宽慰的语气对他说：“如果我处在同样的坏境，遭遇同样的事情，肯定也会失败。”你这样设身处地为他着想，对方就不再担心你会严厉地批评他，他也会主动敞开心扉，愿意和你展开亲切的交谈。

（2）主动为对方分担

我们还应该适时抓住对方的心理。我们不能看到他还在忙碌，而自己却无动于衷，这种事不关己高高挂起的心理和行为不利于自己。你在沟通中不能老是等对方的指示，你可以在妥善处理了自己分内的事情以后，主动地为对方分担。

（3）随时保持积极的心态

感化别人的关键在于情感、需求、本能等一些行为动机，我们不要跟对方空谈道理，那样是没有任何效果的。即使遇到了与自己没有任何关系的事，只要具备一定的契机和理由，也应该像对待自己的事一样做出积极的姿态，这样才能感化别人。

2.注入真诚

当我们用十分得体的话来向对方表达真诚时，自然能赢得他人的信任，进而建立起信赖关系。一般来说，最擅长交际的人肯定不会是一个口若悬河的说话者，而是善于表达真诚的说话者。人们信赖他，自然会愿意和他交往，并把这种和谐的关系保持下去。

（1）讲话要真诚

说话成功的关键就在于谈话中注入真诚，并将自己的心意有效地传达给对方。如果你的讲话缺少了真诚，即便滔滔不绝、一泻千里，也无法让对方对你产生认同感。只有当对方感受到我们的真诚时，他才会打开心扉，接受我们的说话内容，实现和我们的沟通，进而与我们形成良好的关系。

（2）自曝弱点

我们在与他人沟通的过程中，还可以通过自曝弱点来表示自己的真诚。有些人在面对他人时，往往会说自己在人际交往中很笨拙，也不会说那些好听的话，因此在讲话的过程中有什么得罪的地方或者言语有什么不妥的地方，还希望对方能够提出批评意见。其实，这就是真诚的表现。

密钥

我们可以通过表现自己的真诚，让对方迅速认同自己，进而愿意和自己保持一种良好的关系。这种方法被很多人所采用，有些人虽然已经是交往高手，但是为了表示理解，会给予一定程度的认同，并恰当袒露自己的真诚，这些都能够使自己获得别人的肯定与认同。真诚的说话者容易赢得别人的尊重，而那些不真诚的说话者往往会让人感到厌烦。

第07章　适时倾听，少说多听等时机

好的沟通并非你想到什么就说什么，或者你所说的话是对方喜欢听的。那些擅长沟通的人的并非滔滔不绝之人，他们在沟通之前更愿意尝试倾听。假如在整个沟通过程中，只顾自己说，而不懂倾听，那就无法详尽地了解对方，也就无法进行更深入的沟通。

倾听是对他人最高的恭维

在西方有一句谚语：倾听是最高的恭维。英国学者约翰阿尔代说："对于真正的交流大师来说，倾听和讲话是相互关联的，就像一块布的经线和纬线一样。当他倾听的时候，他是站在他同伴的心灵的入口；而当他讲话时，他则邀请他的听众站在通往他自己思想的入口。"生活中，我们经常会遇到这样的事情：当一个遭遇烦恼的朋友找自己倾诉，我们只需要认真听他讲话，当他讲完了，心情就会平静很多，甚至不需要我们做任何事情来帮助其恢复平静。

在一次推销中，乔·吉拉德与客户洽谈顺利，眼看就快要签约成交，对方却突然变了卦。

当天晚上，按照顾客留下的地址，乔·吉拉德找上门去求教。客户见他满脸真诚，就实话实说："你的失败是由于你没有自始至终听我讲的话，就在我签约前，我提到我的独生子即将上大学，而且还提到他的运动成绩和他将来的抱负。我是以他为荣的，但是你当时没有任何反应，而且还转过头去用手机和别人讲电话，我一恼就改变主意了！"

这一番话重重地提醒了乔吉拉德，使他领悟到“听”的重要性，让他认识到假如不能自始自终倾听对方讲话，认同顾客的心理感受，难免会失去顾客。所以，从那之后他就十分注意倾听顾客的话，不管是否和他的交易有关，都给以充分的尊重，并收到了意想不到的效果，他终于成为了一名推销大师。

在沟通过程中，占据主动位置的一定是会说的人吗？不一定。有时候，能够把控沟通的主方向的人往往是一些善于倾听的人。因此，我们必须要学会利用我们的耳朵，做一个善于倾听的人，并牢牢地抓住沟通的主控权。

还有一次，乔·吉拉德拜访了一个有趣的客户。一开始，客户就喋喋不休地谈论自己的儿子，他十分自豪地说：“我的儿子要当医生了。”乔·吉拉德惊叹道：“是吗？那太棒了！”客户继续说：“我的孩子很聪明吧，在他还是婴儿的时候，我就发现他相当聪明。”乔·吉拉德点点头，回应道：“我想，他的成绩非常不错。”客户回答说：“当然，他是他们班上最棒的。”乔·吉拉德笑了，问道：“那他高中毕业打算干什么呢？”客户回答：“他在密歇根大学学医，这孩子，我最喜欢他了……”话匣子一打开，客户就聊起了儿子从小到大的趣事。

第二天，当乔·吉拉德再次打电话给那位客户时，被告知他已经决定在自己手中买车，而客户的原因很简单，他说：“当我提起我的儿子吉米有多骄傲的时候，他是多么认真地听。”

或许，有人错误地认为多说话才能把握沟通的主动权，其实，多说话会给我们带来很多负面的影响。比如，可能会使他人对你产生戒心，认为你有某种企图；他人会对你敬而远之，因为他没有义务当你的倾诉桶；说得太多，暴露的信息太多，就会被别人看穿而且容易出错。

1.倾听会让你受益

布里德奇说：“学会了如何倾听，你甚至能从谈吐笨拙的人那里得到收益。”倾听并不是没有任何意义的随声附和，一个优秀的倾听者可以从说话者那里获取大量的信息，赢得对方的喜欢，达到打动人心的目的。

2.掌握倾听的技巧

不过，倾听也是有技巧的，除了听之外，需要适时地重复对方话语中的关键字眼。当然，倾听比说话更需要毅力和耐心，假如你只是埋头玩自己的手机，或者把头瞥向一边，这样无疑会打击说话者的积极性。

3.倾听是沟通的前提

只有听懂了别人表达的意思才能沟通得更好，倾听是说话的前提，先听懂别人的意思，再表达出自己的想法和观点，才能更有效地沟通。同时，听懂了别人的意思，我们才有机会掌握沟通的主动权，也更容易打动人心，达到办事成功的目的。

密钥

卡耐基说："对和你谈话的那个人来说，他的需要和他自己的事业永远比你的事重要得多。"所以，做一个懂得倾听的人，并将这样的美德沿袭在自己身上，你会赢得比别人更多的机会，获取更多的信息，把握沟通的主动权，能够更加有效地打动人心。

听懂对方的弦外之音

如何听出一个人的弦外之音？对此，曾国藩说："辨声之法，必辨喜怒哀乐。"一个人的七情六欲、喜怒哀乐都可以从声音中听出来。所谓"话由心生"，心境不同，发出的"声"也会有很大的不同。在人际交往中，我们时常会遭遇这样尴尬的场面：对方明明是一张笑脸，却转眼变成了黑脸。究其缘由，就在于我们没能适时听出对方的弦外之音。有时候，语言的交流相当于一场没有硝烟的战争，彼此都是心照不宣，为了保持一种良好的风度，不直接表露出来。

于是，那些看似平静的言辞之中，往往隐藏着刺儿。如果你稍有不慎，就会被对方的弦外之音所伤害，使自己处于一个被动的境地。所以，与人交往，我们要留意对方的声音，学会听懂对方的弦外之音。

当吕不韦命令人编撰好了《吕氏春秋》后，他召集了包括李斯在类的很多人举行了一次盛大的聚会。面对众人，吕不韦面带笑容，慷慨言道：“东方六国，兵强不如我秦，法治不如我秦，民富不如我秦，而素以文化轻视我秦，讥笑我秦为弃礼义而上首功之国。本相自执政以来，无日不深引为恨。今《吕氏春秋》编成，驰传诸侯，广布天下，看东方六国还有何话说。”字字掷地有声，百官齐齐喝彩。

之后，吕不韦召士人出来答谢，吕不韦也坦然承认，这些士人是《吕氏春秋》的真正作者。李斯发现那些士人精神饱满，神态倨傲，浑不以满殿的高官贵爵为意。在他们身上，似乎有着直挺的脊梁，血性的张狂。当时的《吕氏春秋》中记载：“当理不避其难，临患忘利，遗生行义，视死如归。”“国君不得而友，天子不得而臣。大者定天下，其次定一国。”“义不臣乎天子，不友乎诸侯，得意则不惭为人君，不得意则不肯为人臣。”

李斯看着那些强悍的将士，聪明的他猜出了吕不韦的弦外之音：“哪怕有一天我吕不韦失去了天下，但是只要有这些英勇的将士，谁也别想轻视我。如果你想和我作对，还是需要好好考虑再作打算吧”。于是，李斯当即陷入了沉默，不再言语。在这里，吕不韦虽然是笑容满面，而声音也很正常，但从那平稳的语调中，却透露出一种威胁之意。

《南史·范晔传》：“吾于音乐，听功不及自挥，但所精非雅声为可恨，然至于一绝处，亦复何异邪。其中体趣，言之不可尽。弦外之意，虚响之音，不知所从而来。”

1.“温柔”的反击

当女记者对丘吉尔说："如果我是您的妻子，我会在您的咖啡里下毒药的。"丘吉尔温柔地看着她说："如果我是你的丈夫，我就会毫不犹豫地把它喝下去！"在这里，丘吉尔的声音里一点也没表现出生气的情绪，反而是温柔地告诉对方自己心中所想。

有时候，在与他人的语言交流中，如果我们在言语上触碰了对方的伤痛，这时，对方还是以平静而温柔的声音回答我们，我们就应该留意了，对方话里是否藏有"利剑"。当然，并不是指所有温柔、平静的声音里都藏有弦外之音，话中是否还有别的意思需要我们根据语言交流的进程来猜测。

2.犀利的语调

有的人本身不善于隐藏自己的情绪，一旦被话语击中，他会毫不犹豫地进行反击。这时，对方心中愤怒的情绪已经反映在其犀利的语调中了。如果是面对言辞犀利的对手，我们不妨采用一些方法进行回击。当然，这也需要掌握一些语言上的技巧，或者是话里有话地答复对方，或者是自嘲的方式来使自己摆脱困境。你在措辞的时候，一定要注意即便是回击也要不着痕迹，不要伤害到对方，在对方面前，你应该保持一个对手应该有的胸怀和气度。

密钥

通常情况下，那些隐藏在话语里的弦外之音是不会轻易地被发现的，它只是间接地透露出来，而不是清晰地表达出来，它有可能隐藏在语调里，有可能藏在音色里。这就需要我们在与对方进行语言交流时，仔细揣摩出话语里的弦外之音，才能清楚对方想表达的真实意图是什么。

倾听中探知对方的欲望点

我们与对方的交流沟通，实际上就是一场心理的较量，而且彼此都带着各自在意的重点，希望能达成共识。那么如何才能打动对方呢？这需要我们仔细观察，从对方言语中抓住对方潜在的“利用价值”，再以其在意的东西作为利诱，这样一来，对方肯定会心动，而不得不答应我们的请求。而且，这样做暗合了对方的心理，会让对方感到很受尊重，在无形之中拉近了彼此的距离。

1964年4月，作为中国外交部长的陈毅在印尼首都雅加达参加了第二次亚非会议的筹备会。他在雅加达会见了印尼总统苏加诺，见面后却发现彼此的意见不一致。苏加诺主张第二次亚非会议在万隆召开，而陈毅觉得应该选在非洲国家召开。由于双方的观点不一致，这为筹备会增加了难度。

陈毅知道苏加诺非常好面子，所以他尊重苏加诺的想法，对他说：“非洲有四十几个独立国家，总统阁下如果主张此次会议在非洲召开，等于支持了非洲的独立，你的做法可谓是高瞻远瞩，还能够充分展现你政治家的风度，当你去那里发言时，你会得到更多的支持。”苏加诺听了点头称是，却不愿放弃自己的观点，陈毅从言语中挖掘出对方碍于情面的心理特性，说道：“你是总统，我是元帅，我给你的那个参谋长，你要不要呢？”苏加诺无法拒绝，只好称是。

陈毅挖掘了对方的欲望点，不伤和气地说服了印尼总统苏加诺。心理专家认为，人与人之间内心深处所想的事情是完全不同的，每个人都有自己的欲望点。在这里，心理专家的言外之意就是指要想对他人心理施加影响，只有挖掘出对方的欲望点，懂得他人心思之后，才更容易进行。

1.找到对方的利益所在点

每个人都会有一定在意的关于利益的东西，有可能是金钱，有可能是名声，有可能是地位。那么，在沟通的过程中，我们要善于以对方在意的利益作为诱饵，以此达到打动对方的目的。

2.找到对方的兴趣所在

每个人都有自己的兴趣爱好，因此，在交流过程中，我们要想办法找到对方的兴趣点。可以在与对方交谈之前做好准备工作，打听对方有什么兴趣爱好，也可以通过自己的观察或提问来得知对方感兴趣的事情。

3给对方一点甜头

有时候，不妨可以给对方一点好处，这样对方也会从中获得一些恩惠，比如“你过来我包你车费，还请你到处转转，咋样”“只要你给我把这件事办好了，我就送你一个爱马仕包包”“我前天在上海给你捎带了一条裙子，你看什么时候过来拿去吧”。

4.给对方一个响亮的头衔

响亮的头衔就相当于一碗迷魂汤，一点点地迷醉对方，让其在名声的诱惑中、心理的满足中答应我们的请求。俗话说：“佛要金装，人要衣装。”头衔也有它的作用，而且它的作用还不小。头衔就犹如名字的装饰品，它华丽堂皇，令那些听闻的人都心生羡慕、嫉妒，也令当事人感到莫大的荣幸与骄傲。

密钥

有时候，对方潜在的“利用价值”往往是他的把柄之一，他会有可能为了某些欲望而放弃之前所提出的条件。如果在此时，我们趁虚而入，对方就会在交流中败下阵来。在这里，所谓的“利用价值”，也就是其最在意的东西，诸如头衔、利益，等等。

倾听中读懂对方的肢体语言

现代心理学的研究证明：一个人不经意间表现出来的小动作能够反应出一个人的真实性情，或者对别人所保持的态度以及意见。比如，在开会时，对方看起来很认真地在听，但是在桌子的下面，他的手指不停地反复敲击着。这样的小动作表示这个人实际上一点也没有将心思放在开会上，心不知道飞到哪里去了。因此，在生活中，如果我们能仔细观察他人的小动作，那么，我们可以看出其真实的性情。

小白是一个话很多的人，经常逮着机会就与同事大侃了起来，也不管对方愿不愿意听。对此，坐在他旁边的小李可就遭殃了，每次小白都会转过身来，兴致勃勃地说些自己碰到的趣事。小李不好直接拒绝，只能不安地用笔杆敲打桌面，以此表达自己的意思。小白却是一个马大哈，他不明白小李为什么喜欢敲桌子，不过，他什么也不想，还是自顾自地说话。

有一次，小白碰到了学心理学的朋友。在聊到小动作的时候，小白突然想到了小李，他问道：“当一个人总是用笔杆敲打桌面的时候，他心里在想些什么呢？”朋友回答说：“这样的小动作，大多表示他对你所讲的话已经感到厌烦了。”“啊？”小白恍然大悟。后来，在办公室里，他收敛了自己的个性，不再经常缠着小李说话了。

小白通过向学心理学的朋友询问，发现同事的小动作是想告诉自己：我对你所讲的话并不感兴趣。在我们身边，每个人都有那么几个常见的小动作，我们可以通过观察对方的一些小动作来发现他们对自己的意见。另外，一些心理实验表明，如果你与一个你很讨厌的人在一起，只会出现两种相对的反应：一是太随便，根本不在乎对方的想法；二是太拘谨，看起来无所适从，甚至不知道该把手放在哪里。而表现出来的不同反应，正好可以反映出对方的真实性情。

每个人都有心情不好的时候，或者沮丧失落，或者烦躁不安。这些情绪除了通过面部表情及口头语言表现出来以外，还通过一些小动作显现出来。下面就介绍几种人们常见的小动作。

1.用嘴咬住某些物品

我们经常会发现有的人喜欢用嘴咬眼镜腿、铅笔或者其他物品。这一类型的人喜欢我行我素，不喜欢受人管制。他们做出这样的动作是想掩饰自己恶劣的情绪，不想让别人知道。在这种情况下，你千万不要上前搭话，以免加重其恶劣的情绪。但有时候，这样的小动作也无法克制他内心的不满情绪，他的情绪有可能会进一步恶化，或在突然之间爆发出来。

2.用手拢头发

有的人喜欢用指尖拢头发、轻搔面部，或是把食指放在嘴唇上。他们这一类的人性格比较开朗、乐观，虽然在面对生活或工作中的困难时也会出现失望、沮丧的心情，但是他们能在最短时间内调整好自己的心态，坦然面对这一切，并致力于寻找解决问题的办法。

如果有人在你面前作出这样的小动作，那就表明他对你的谈话没有多大的兴趣，显得有点左顾右盼，漫不经心。他们或许正在思考自己的问题，并且认为你是在打扰他，但他们会碍于情面而不表露出来。

3.两手互相摩擦

有的人习惯两手不停地摩擦。这一类型的人对自己充满了信心，喜欢挑战自我，并且在成功的路上敢于承担一定的风险。一旦他们决定去做某件事情的时候，就会一直坚持下去，而不会轻易改变主意和行动方向，所以他们在某些时候显得比较固执。而他们通常出现这种情况的时候，就是烦躁不安、心情郁闷的时候。

4.用手抚摸下巴

有的人习惯于用手抚摸下巴或者抓着下巴。做出这样小动作的人大多比较世故圆滑，有较深的城府。他们这样不断地抚摸下巴只是想使自己镇静下来，克制自己内心的不满情绪，以免自己在冲动之下做出什么举动来，同时，他也在思考下一步的对策。

密钥

在日常沟通中，我们会发现，几乎每个人都有特别的小动作，而这些不经意表现出来的小动作恰好能直接反应其真实性情或想法。在很多时候，一个人的肢体语言和他们内心想要说的话并不一样，这就是所谓的小动作了。

说得太多，会处于被动位置

在沟通过程中，谁先开口说话，谁说的比较多，谁就有可能处于被动的位置。在商务沟通中，为了避免受到对手的攻击，人们总是千方百计地遮掩自己内心真正的想法，而紧闭嘴巴则成为了掩盖内心想法的有效方法之一。试想，若是什么都不说，对方也不知道自己在想什么，自然是胜券在握。

小张是一个推销员，经常是天南海北地跑。有一次，他出差到了杭州，工作任务是与商家洽谈一笔生意。

到了约定的时间，小张来到酒店，双方代表面对面落座。小张注意到对方是一个不苟言笑的人，而且见到小张来了，他还在低着头看报纸。小张觉得比较闷，就主动向对方打招呼："最近杭州天气比较热啊？"没想到，那位谈判对手头也不抬，冷漠地回答："杭州都是这样的天气。"小张并没有放弃想交流的欲望，他继续问："听口音您不是本地人吧？""噢，山东枣庄人。"对手抬起头来，警觉地看了小张一眼。"啊，枣庄是个好地方！读小学的时候，我就在《铁道游击队》的连环画上知道了。两年前去了一趟枣庄，还在那边玩了两天呢，很不错，真是个好地方。"听了这话，那位谈判对手精神为之一振，马上站起来放下报纸，先是递烟，又与小张互赠名片。两人越聊越高兴，晚上相约一起进餐。就在当天晚上，双方就谈成了互惠互利的一笔生意。

如果对手不开口，小张就无法详细地了解对方，自然也就没有办法谈成生意了。在谈判过程中，谁先开口，谁谈论的比较多，谁暴露的信息就比较多。而作为对手，我们应该从对方谈论的话题中洞悉其心理，这样，在接下来的言语交锋中，我们才能抓住其心理，达到谈判成功的目的。

几年前，美国一家最大的汽车公司，准备采购一年中所需要的座垫布。消息一出来，立即有三家厂商把样品送去备选。汽车公司高级职员验看后，便要求每家公司各派一位代表前来商谈，再决定选购那一家厂商的东西。

琪勃是其中一家厂商的代表，就在那一天，他患了严重的喉炎。当琪勃先生和厂商去见汽车公司那些高级职员时，他竟哑了嗓子，几乎连一点声音也发不出来。他们被带进一间办公室，跟里面的纺织工程师、采购经理、推销主任和那家汽车公司的总经理都见了面。当琪勃站起来想要说话时，却只能发出沙哑的声音来。大家是围绕一张桌子坐着的，琪勃的喉咙发不出声音，只好用笔把话写在纸上："诸位先生，我嗓子哑了，不能说话，你们先说吧。"于是，其他厂商代表纷纷开始讲起来，每到一个厂商讲话的时候，总经理都会提出自己的某些看法。而坐在旁边的琪勃则会把那些信息记下来，再综合自己产品的信息。

等到大家都讲完了，琪勃开始嘶哑着声音说："大家都说得差不多了，我来说说我们公司的产品吧……"由于之前琪勃收集了经理的一些信息，他已经知道了经理看重产品的哪方面，不介意产品的哪些方面，因此，他避重就轻地谈了公司产品的特点，短短几句话，赢得了经理的认可。当然，最后，这家汽车公司向琪勃订购了五十万码的座垫布，总价是一百六十万元。

也许，这份订货单是琪勃至今为止所经手过的最大的一份，但是琪勃很清楚，如果不是自己喉咙嘶哑，说不出话，他就会失去那份订货合同，因为他在之前对整个事情都有错误的观念。以前他总是觉得自己先开口，就能掌握话语的主动权。但通过了这次经历，琪勃发现原来让别人先开口讲话是很值得的。

1.多提问

潜能大师安东尼·罗宾说过：“对成功者与不成功者最主要的判断依据是什么呢？一言以蔽之，那就是成功者善于提出好的问题，从而得到好的答案。”在谈判过程中，善于提问是很有必要的，一个好的提问可以引发一次愉快的沟通，而一次愉快的沟通会让你获得更多的信息。

2.尽量让对手多说话

成功的沟通是尽可能地让对方多说话。一些推销员之所以谈不成业务，就是因为他们忽视了这一点。其实，要想取得良好的谈话效果，你应该让对手多说话，表达出自己的意见，或者说，你应该问他问题，让他来告诉你一些事情，这样你才能搞清楚对手到底在想什么。

密钥

说的比较多，他暴露出来的信息就比较多，当然，他就只能处于被动位置了。因此，为了自己能占据主动位置，应该让对方先开口。更为关键的是，只有让对方先开口，你才能探得一些信息，在接下来的谈话中，你也能句句击中其心理了。

第08章　灵巧提问，问准心理方解惑

沟通过程中，若只是一个人在问，说话便会变成一场孤独的独角戏。富有技巧的提问者每时每刻都在关注对方的心理，留心观察，从简单的提问开始步步为营，而非自说自话，最后落得个一问无成的结果。

互动提问，直击对方心房

在生活中，我们经常会遇到这样的情况：有的人，即便认识了很久，也无话可说，或说不到一块去；有的人，一见面两句话就聊上了，一见如故，好像有说不完的话。为什么会产生这样的情况？关键原因就在于有的人擅长提问，善于通过问题将话题重心引到对方的心坎上，给人留下“相见恨晚”的印象。心理学家曾做过研究，在所有的成功销售案例中，产品知识占比只有10%，而提问则占了90%，所以提问是非常重要的。在实际交往中，如何才能打开对方的话匣子呢？

有一次，王硕去拜访一位顾客。王硕在他家里看到墙上挂着“制怒”的条幅，就知道了对方有克服发怒的要求。于是，他就问那位顾客：“您平时很爱发脾气吗？”对方回答说：“我很容易冲动，但明知自己有这个毛病，有时也控制不了。为了提醒自己，就写下来挂到墙上，时刻告诫自己。”王硕便以此为话题谈论下去，先是表示非常理解，接着又说出自己的观点，对方也就同一问题谈了谈感想。两个人聊得非常投缘，都有“相见恨晚”之感。

我们从中不难看出，有些人在陌生人面前面红耳赤、表情紧张、不知所言、十分拘谨，是因为没有细心观察，没有找到共同感兴趣的话题而已。大量事实证明，最好的提问方式是提出第一个问题后，再提出与之相关的问题，或者从被问者的答案中找到第二个问题，然后依次循环，形成互动。第一个问题与第二个问题就是关联型问题，可以让提问者和被问者更加热情地投入到提问过程中，形成友好和谐的互动。

伽利略年轻的时候就有着伟大的抱负，渴望自己能够成为一个出色的科学家。为了完成这一目标，他想进入学校学习。但是由于家庭条件十分贫困，他的父亲对他的这一打算并没有太大的热情，根本不愿意去支持他完成学业。为了取得支持，他开始了对父亲的劝说。

伽利略对他的父亲说："爸爸，我想问您一件事，当初您为什么要和妈妈结婚呢？"

"那是因为我看上她了"父亲回答说。

"那么，你有没有想过娶别的女人作为你的妻子呢？"伽利略说。

"没有，我对着上帝发誓，我从来没有过这样的想法。当初我的父母让我娶一位富家千金做妻子，可是我只对你的妈妈有感情，你的妈妈在我心中是最漂亮的姑娘，只有和她在一起我才感到幸福。"父亲说。

伽利略说"我能看得出来你说的都是实话，我也知道你只爱我妈妈一个人。但是你知道吗，现在你的儿子面临着和你追求你妻子时同样的处境。我深深地爱上了科学，除此之外，我对其他的行业没有丝毫的兴趣，财富和荣誉并不是我所需要的，我只喜欢科学，我对它的爱就像对一个美貌女子的倾慕。"

父亲说："我不了解你所说的像倾慕女孩子那样迷恋科学是什么意思。"

伽利略说："是的父亲，我现在已经十八岁了。我的同龄人们，无论贫富，都在考虑自己的婚事，可是我心里想的只是科学，对婚姻没有任何的兴趣。我没有和人相爱过，相信今后也不会了。别人都想寻找一位漂亮标致的姑娘作为妻子，而我只愿意和科学终身相伴，当人们在我面前谈到婚姻这些话题的时候，我就会感到很没有意思。”

父亲没有说话，示意他继续讲下去。

伽利略继续说道：“我亲爱的父亲，我知道你是爱我的，但是你并不知道我到底想要什么。我拥有着别人不能比的才干和力量，也相信通过自己的努力会成为一个杰出的科学工作者，还能够获得教授的身份。我相信和科学为伍能够让自己活得更快乐，也相信能够比别人活得更好。因此，我需要你支持，来帮助我完成这一愿望。”

父亲为难地叹了一口气说：“我很理解你的想法，可是我实在是没有太多的钱去供你上学。”

伽利略说：“父亲，我并不是希望得到你在金钱上面的帮助。我相信通过自己的努力一定能够获得公爵的奖学金。但是，目前我所缺少的是一个进入公爵学校的机会，你在佛罗伦萨有许多的好朋友，通过他们的帮忙，应该就能够帮我完成进入公爵学校的梦想。当然，我相信这件事依靠你自己的能力也是可以达到的，你只要找到公爵的老师奥斯蒂罗・利希就可以了，他是了解我的，并且十分欣赏我的能力。”

父亲终于被说动了：“嗯，你说的并不是没有道理，相反的，我倒觉得是一个好主意……”

伽利略趁热打铁，抓住父亲的手臂，诚恳地说：“父亲，我求求你，只要你尽力而为，我相信一定能够帮我完成这一心愿的，我保证会成为一个伟大的科学家来报答你的。”

父亲终于被伽利略说服了，找到了公爵的老师，完成了儿子的心愿。伽利略没有食言，几十年之后，终于成为了举世闻名的科学家。

提问从对方的兴趣入手，是尊重别人的方式，这种将心比心的态度会有一个良好的开头，接下来，哪怕是再困难的问题也将会迎刃而解。如果只是按照自己的主观臆断，不选择正确的问题，信口直说，以软磨硬泡的持久战方式来逼迫对方就范，忽视了对方的心理感受，让对方的自尊心承受不了，那么即使坚持再长的时间恐怕也是无济于事的。

1.模仿对方

山田久二是日本非常有名的一个推销大王。他成功的秘诀就是说话看对象，见什么人说什么话，积极求同。他不仅模仿对方的口音、语言、身体姿态，还依据对方的爱好、职业等特点来装扮自己，使对方感到特别亲近可靠。其实，每个人都希望他人与自己是同类人，而模仿对方无疑给对方一种志同道合的感觉。

2.从对方的兴趣爱好说起

每个人都有自己的兴趣爱好，如果你表现出对他人的喜好很感兴趣的样子，会令对方心情相当愉悦。因此，我们在谈话过程中，需要了解对方的兴趣爱好，尽可能地先从对方兴趣爱好说起。

3.从对方得意的事情说起

每个人都渴望得到他人的尊重与认同，尤其是自己所取得的成绩。我们在求人办事的时候，不妨从对方得意的事情问起，给对方送一顶高帽子，他一定会乐意帮助你的。

密钥

有很多人觉得，和陌生人交谈，因为彼此间不太熟悉，没有办法找到共同语言。其实，这只不过是一个借口罢了。毕竟，我们生活在同一个时代，成长于同一片国土，只要是善于寻找，能够心细一些，留意观察，就一定能够寻找到共同语言的。

好的问题，在于投其所好

交际其实很简单，和陌生人相处也是如此，通过一句简单的问候，表现出自己的涵养和风度，让对方乐意和你进行交谈。

小赵经常坐火车回家探亲，每次十几个小时的旅途总是十分愉快的，因为他经常主动和周围的人打招呼交谈。“您好，您也是回家探亲吗？”或者“您好，能不能把您的杂志借我看一下？”于是原本陌生的人聊了起来。别人眼里的枯燥路途却成了小赵结交新朋友的场所，他在和一些旅客们分手的时候互相留下电话，经常保持联系。

公元前266年，赵惠文王去世，新君年幼，他的母亲赵太后摄政。秦国趁赵国新君登基不久，国内动荡之际，派大军大举进攻。为了挽救危机，赵太后决定向齐国求救。齐国答应了赵国的请求，但是前提条件是要赵太后最喜欢的儿子长安君为人质。赵太后不肯答应，大臣们苦口婆心地劝谏都无效。

事关国家安危，触龙决定再劝赵太后一次。太后怒气冲冲地在门口等着他。触龙见状，就绝口不提长安君的事，而是和她大谈健康养生之类的话题，赵太后这才缓和了些脸色。

触龙请求赵太后给他的儿子舒祺在御林军中安排一个职务，赵太后爽快地答应了，又不解地问：“你们男人也心疼自己的小儿子吗？”

触龙说：“是的，比女人还有过之而无不及。”

太后却反驳说：“在这方面你们男人是远远比不过女人的。”

触龙说：“未必如此。其实男人和女人对孩子的爱还是不同的，女人只是一味的溺爱，而男人却总能为孩子的将来做打算。”又说：“我觉得，您疼爱燕后的程度远远超过了疼爱长安君。”

赵太后不认同他的观点，但是示意他继续说下去。

触龙说："燕后出嫁以后，您每天都在想念着她，但是在您祭祀的时候，却一遍遍地向上苍祈祷不要让她回来。原因不就是为了让她在燕国长期待下去，希望她的儿孙一代代地做燕国的国君吗？"

太后说："是这样。"

触龙又说："在赵国，你赐给了长安君很多肥沃的土地，也给了他不少象征国家权力的礼器，我认为这不过是一种溺爱罢了，对长安君的将来并没有任何好处。您看，现在先王的子孙们还有几个保住荣华富贵的？真正疼爱自己的儿子，就要给他建功立业的机会，只有这样才能让他在国内站得住脚。试想，在您百年之后，身无寸功的长安君还能在赵国继续享受荣华富贵吗？我认为您为长安君打算得太短了，因此，我认为您疼爱他不如疼爱燕后。"

太后听了，认为他说的话很在理，就说："好吧，任凭您指派他吧！"

触龙利用父母疼爱孩子这一点，通过层层提问，告诉赵太后疼爱并不等于溺爱的道理。他告诉赵太后，无端地给孩子太多的高官厚禄，只能给他带来杀身之祸。只有让孩子为国家做出一定的贡献，才能有资格让他在赵国站得住脚。触龙用晓之以理，动之以情的形式最终说服了太后，使其同意将长安君作为齐国的人质，解除了赵国的危机。

一个年轻人在一家百货公司做业务员，第一天工作刚结束，总经理就开始检查新员工的业绩。每个人都完成了二三十单的生意，而这位年轻人只完成了一单的生意。总经理不满意地问他："你卖了多少钱？"

"一百三十万。"年轻人回答说。

"你怎么卖那么多钱？"总经理吃惊地望着他。

"是这样的，"年轻人说，"一位先生进来买东西，我给他一个小号的鱼钩，然后是中号的鱼钩，最后是大号的鱼钩。我问他上哪儿钓鱼，他说在海边，我建议他买条船，所以我带他到卖船的专柜，卖给他一艘帆船，然后他说他的汽车可能拖不动这么大的船，于是我带他到汽车消费区，卖给他一辆丰田新款豪华型‘巡洋舰’。”

总经理听得目瞪口呆，几乎难以置信地问道：“一个顾客仅仅来买个鱼钩你就能卖给他这么多东西？”

“不是的，”年轻人说，“他是来给他妻子买卫生巾的，我就告诉他‘你的周末算是毁了，干嘛不去钓鱼呢？’”

上面的这个笑话可能在现实生活中很少发生，但这很明确地告诉我们，要想成功挖掘对方的需求，就一定要善于提问，敢于想象，并把问题问到对方的需求点上，让对方认同我们的观点，那么就会给我们带来无法估量的利益。

密钥

在日常交际中，“投其所好”通常被视为一个贬义词，因为在某些时候有的人是由于有不可告人的目的，但是，如果为了说服对方或者求得帮助，那就是光明正大地带着问题去“投其所好”。比如，对方喜欢绘画，那以关于绘画的知识提问，借助对方的兴趣爱好愉快地展开话题，使对方的心情变得愉悦起来，最后，我们也实现了自己的目的。

积极提问，调动对方的兴趣

在日常生活中，当我们说“某人性格很内向”时，脑海里总会浮现这样的形象：一个人永远坐在房间的角落，总是默默地低着头，不说话，偶尔会露出一丝笑容，每天独来独往，以至于哪一天他没来，也没人发现。通常这样一个人是容易被忽视的，因为他们总是孤独地坐在一个角落，而且他们似乎很没有主见，总是一味地顺从，一副恭顺听话的样子。在我们身边就有这样的朋友和同事，以至于我们开始忽视他了。每次见面就是打个招呼“你好”，更有甚者几乎是不说话，见面只是微微一笑。

通常情况下，他们嘴里不会说出“不”，总是“好”“是的”。面对别人的提问，他从来都只是点头和摇头，好像自己没意见似的。即便他们心中有着另外的看法，但由于性格内向，也总会说“我跟你们是差不多的看法”。

王先生是某家建筑公司的工程师，性格比较内向，但在工作中能够独当一面，深得老板的青睐。不过，即便是这样一个老实巴交、性格内向的人也会犯一些错误。有一次，王先生参与的楼房改造出了一些意外，设计稿与实际存在6厘米的误差，这是非常大的误差。公司紧急召开会议，商量如何解决这个问题。

在会议上，总经理问道：“想必大家都知道这次开会的目的，我想先问一下王先生，你知道这次开会的目的吗？”其他成员面面相觑，面露难色，王先生唯唯诺诺地回答说：“知道。”经理又问：“那你说说这次会议的目的是什么？”王先生说：“为了解决我工作上的失误。”经理问：“由于你的失误，公司需要承受很大的损失，你说你该怎么承担呢？”王先生说：“我主动辞职。”

听了这样的话，会议室瞬间安静了下来。总经理更是暗自叫苦，自己提问的目的本来是想让王先生认识到错误，然后更加卖力地工作。王先生的能力是大家有目共睹的，公司并不愿意失去这个人才。但是，没想到在一连串问题之下，性格内向的王先生竟然因自责而主动提出辞职。

王先生本来已经想到了解决问题的方案，不过在总经理提问之后，他却一直想不起来，只记得自己需要主动辞职来弥补此次失误。这个案例主要在于总经理不懂得如何向内向的王先生提问，导致公司失去了王先生这个人才。所以，在实际生活中，对内向者提问，首先要考虑他们的心理承受能力，注意言辞，避免出现双方都下不了台的局面。

内向者不愿意说话或说话很慢时，常常是没有将心思投入到谈话之中。其他人会觉得内向者不会提供任何有价值的观点，内向者自身也会这样认为，所以他索性做一个安静的听众，或只是委婉地说两句，或干脆不发表任何意见。

张经理是一位善于提问的领导，尤其是对于秘书小李。其实，小李对自己的能力很有信心，唯一担心的就是自己性格比较内向，不知是否能与团队成员有一个很好的沟通。但是，因为善于提问的张经理，他对自己越来越有信心，工作也越干越出色。

张经理在向小李提问时，非常热情，比如，在询问小李能不能接受工作完成任务的时候，他会问："能不能按时完成任务？"小李回答："能。"这时张经理会问："像你这样年轻的小伙子，声音这么低，大点声音告诉我，能不能按时按成任务？"小李大声回答说："能。"张经理说："这才对嘛，我相信你的能力，你一定能够创造新的业绩的，对不对？"小李大声回答说："是的。"就这样，在张经理善于提问的调动下，小李变得越来越积极，逐渐受到张经理的重用。

通常情况下，内向者面冷心热，才华横溢，自律性较强，对公司的忠诚度比较高。假如领导者可以通过提问，将他们的积极性调动起来，那他们所爆发出来的潜力将超过外向者。只要我们能够站在内向者的角度去寻找突破口，以真诚、耐心的态度去对待他们，多鼓励少质疑，多安慰少批评，那就能有效调动内向者的积极性。

1.选择温和的问题

内向者往往比较胆小，多少有一些自卑心理，所以对这类人进行提问，需要注意问题的温和度。在实际提问的时候，不能提太尖锐的问题，即便发现他们在某些事情中出错了，也不能当着许多人的面说。毕竟内向者向来习惯自省，工作出现了差错，其实他们内心也很着急。

2.保持诚恳的态度

内向者心理比较敏感，所以我们在对他们进行提问时要保持热情、诚恳的态度，否则，当他们感觉不到我们的真诚和热情的时候，就会对我们失去信任，从而影响整个提问效果。假如在提问时能够适当给予他们鼓励，他们就会鼓起勇气且多谈论些。

密钥

内向者一开口比较有深度，这会令其他人感到不舒服，于是人们就选择忽视内向者所提的观点，他们更倾向其他人所表达的东西。当其他人忽视了内向者，内向者自身也感觉到被忽视了。对内向者提问，提出的问题最好与内向者有关，比如可以提内向者感兴趣的话题，与他利益相关的问题等。总而言之，是对方感兴趣的话题，这样对方才会愿意回答。

设问与反问，与对方形成互动

设问能够产生悬念，引起人的注意力，引发对方思考。如果设问运用得好，就会使讲话极具说服力和感染力，产生让人无法辩驳的说理效果。常用设问还能帮助讲话者抒发情感，曲折含蓄地表达出某些不便明言的信息。比如有人在说话时这样说道：什么是龙头？龙头就是标杆，就是参照系，别的都要服从，都要以此为标准，必须将认识进一步统一到这个总的指导思想上来。

设问切忌提一些无关紧要、众人皆知或者缺乏震撼力的问题，也不需要问得太过频繁。设问运用的关键就在于为说话内容设计几个比较醒目、巧妙而又有分量的问题，给听众一种好奇感，激发他们对答案的好奇心，然后自已作答，娓娓道来。

反问则是不需要回答的问题，答案就在问话之中，就是对问话的否定。反问的运用，可以表达出非常激烈的情绪，在热情奔放、情绪激昂的场合最适合运用。一连串设计巧妙的反问句，能使演说具有非常大的气势，具有极大的震撼力与感染力，让听众听了之后情绪高涨，热血沸腾。

以下是帕特瑞克·亨利在弗吉尼亚州议会上发表的演讲中截取的一段：

“回避现实是毫无用处的。先生们会高喊：‘和平！和平！’但和平安在？实际上，战争已经开始，从北方刮来的大风都会将武器的铿锵回响送进我们的耳鼓。我们的同胞已身在疆场了，我们为什么还要站在这里袖手旁观呢？先生们希望的是什么？想要达到什么目的？生命就那么可贵？和平就那么甜美？甚至不惜以戴锁链、受奴役的代价来换取吗？”

一连串的反问，好似连珠炮不断地轰鸣，整个演讲激情飞扬、气势雄劲，激愤之情感染了下面每一位听众。卡耐基曾经说过，如果想说服别人，最好的办法就是举出例证反问之，因为反面的例子比正面辩驳更具有说服力。所以，你需要说服别人的时候，不妨采取反问的手法，举出一个反面的例子来进行有力的说明。

有一次，拿破仑对他的秘书说：“布里昂，你知道吗？你也将永垂不朽了。”

布里昂不解，拿破仑解释说：“你不是我的秘书吗？”

布里昂明白后，笑了笑说：“请问，亚历山大的秘书是谁？”

拿破仑回答不上来，赞扬道：“问得好！”

布里昂明白了拿破仑的意思，虽并不寄予希望于依靠拿破仑的名气扬名，但是他仍不忘作为秘书对主帅的尊重，所以采用表面请教，实际上反问的方式：“请问，亚历山大的秘书是谁？”证明了大前提的不可靠性，也使拿破仑的结论不攻自破。

美苏关于限制战略武器的四个协定刚刚签署，基辛格就在莫斯科一家旅馆里，向随行的美国记者团介绍这方面会谈的情况了。当时已经是5月27日凌晨1点，他毫无倦意。

“生产导弹的速度每年大约二百五十枚，”基辛格微笑地透露道，“先生们，如果在这里把我当间谍抓起来，我们知道该怪谁啊。”

敏捷的记者们接过话头，开始探问美国的秘密。

“我们的情况呢？我们有多少潜艇导弹在配置分导弹头？有多少民兵导弹在配置分导式多弹头？”一个记者问道。

基辛格耸耸肩：“我不确切知道正在配置分导式多弹头的民兵导弹有多少，至于潜艇，我的苦处是，数目我是知道的，但我不知道是不是保密的。”

记者说：“不是保密的。”

基辛格反问道：“不是保密的吗？那你说是多少呢？”

记者傻了，只好“嘿嘿”一笑，不再追问下去了。

其实，反问是用疑问的形式来表达所确定的内容。运用反问能够增强语势，把原来肯定的意思表达得更鲜明，不容置疑，所以也更容易集中听众的注意力，给听众造成强烈的印象，容易唤起听众的想象和激情，这样的表达方式比正面更能产生力量。反问把答案寓于问句之中，而它所表达的思想内容与句子的表面意思相反：如果语句表面意思是肯定的，那么思想内容则是否定的，反之亦然。

在日常沟通中，如何用好设问呢？

1.利用设问激发听者的兴趣

即提出一个设问句，紧跟着说一个答句。这种设问，可以快速集中对方的注意力。富有趣味性的设问，往往可以引起听者的兴趣，使其情绪保持愉快的状态。在实际沟通中，所提问题应角度新颖，富有启发性，可以引起听者的兴趣和注意。

2.典型的设问句式

除了一问一答，还有几问一答，连续问答。其中，几问一答，即先集中提出一连串设问句，然后集中加以回答，这种设问可以增强论辩力量，引人深思。比如：“啊，是谁，这么早就把那亲爱的令人心醉的乡音送到我的耳畔？是谁，这么早就用他那悦耳动听的音乐唤来了玫瑰色的黎明？是一个青年人。”

连续问答，即连续使用一问一答的方式。这种设问，可以造成一种步步紧逼、势不可挡之气势，具有强大的论辩力量。

密钥

为了强调、加重讲话内容，引起对方注意，增强语言表达效果，有时需要在沟通中进行自问自答，巧妙运用设问、反问，与对方形成互动，调动他们思考问题的积极性，并感染其激情、热情。

请教式提问，把面子送给对方

在生活中，我们经常听到诸如“你的手工做得太好了，怎么做出来的，能教教我吗？”的话，如此别具一格的赞美方法就是请教式提问，什么是请教式的提问呢？顾名思义，就是针对对方擅长的某些方面，而话语中带着请教的意味，似乎对方的优秀程度已经足以让我们将其摆在“老师”的位置上。而大多数人听到请教式的提问，虽然表面上不做声，但内心早已经是兴奋异常了。

美国的一家化妆品公司曾有一名优秀的推销冠军。有一天，他还是和往常一样，把公司里刚出的化妆品的功能、效用告诉顾客，然而，他所介绍的女主人并没有表示出多大的兴趣。于是，他立刻闭上嘴巴，开动脑筋，并细心观察。突然，他看到阳台上摆着一盆美丽的盆栽，便说："好漂亮的盆栽啊！平常似乎很难见到，这是你自己种的吗？"

女主人来了兴致："你说得没错，这是很罕见的品种。它属于吊兰的一种。它真的很美，美在那种优雅的风情。"

"确实如此。但是，它应该不便宜吧？"

"这个宝贝很昂贵的，一盆就要花700美金。"

"什么？我的天哪，700美元？那每天都要给它浇水吗？我一直很喜欢盆栽，但却对此一窍不通，我能向你请教，你是如何培育出这样美丽的盆栽的？"

"是的，每天都要很细心地养育它……"女主人开始向推销员倾囊相授所有与吊兰有关的学问，而他也聚精会神地听着。最后，这位女主人一边打开钱包，一边说道："就算是我的先生，也不会听我嘀嘀咕咕讲这么多的，而你却愿意听我说了这么久，甚至还能够理解我的这番话，真的太谢谢你了。如果改天有空，我会乐意向你传授种植兰花的经验，希望改天你再来听我谈兰花，好吗？"女主人爽快地接过了化妆品。

销售员通过向女主人请教关于盆栽的问题，引起了女主人的谈话兴致，而且，在交谈过程中，销售员一直以请教式提问来夸奖女主人，使得女主人的心理得到了极大的满足。说到最后，没等销售员开口，女主人就主动掏钱购买了化妆品，而且发出了"希望改天你再来听我谈兰花"的邀请。足以见得，请教式提问所产生的良好效果。

小雨跟她的一个朋友学会了十字绣，最近，她利用业余时间，绣了一对在丛林中飞舞的蜻蜓。同事看了她绣的十字绣，很惊讶，那茂盛的花草、舞动着翅膀的蜻蜓非常逼真，同事由衷地赞美："哎呀，小雨，你太了不起了！你这是怎么绣出来的啊？"小雨笑了笑，看得出，她对自己花费了不少时间绣出来的作品很自豪，同事真诚地说：“看你绣得这么漂亮，我也想学习一下，你能教教我吗？”小雨点点头，开始手把手地教同事如何绣十字绣。

同事那几句请教式提问，恰到好处地温暖了小雨的心灵，融洽了彼此之间的关系。可以说，请教式提问是一种非常有效的提问方式。给他人戴上了一顶高帽，虚心的请教，想必一个再倨傲的人也会被打动，这样一来，自己所请求的事情自然就能够办成了。

1.满足对方的心理

在生活中，每个人都有“好为人师”的自大心理，所以以低姿态有针对性地请教对方，以自己的普通甚至低劣凸显对方在某些方面的高明和优势，可以间接起到赞美对方的作用。恰到好处地使用这种方式，既成功地赞美了对方，又可以给对方留下虚心好学的好印象。

2.请教式提问既请教又鼓励

其实，请教式提问不仅仅重在请教，还表现出一种鼓励的意味。当然，这样的一种提问方式不止局限于下属对上级，很多时候，上级为了鼓励下属，也可以向下属发出“请教式提问”。

3.放低自己，抬高对方

在日常生活中，还有许多家长更是将请教式提问当作了一种很好的教育方式，以此来鼓励小朋友。有时候，我们在求人办事的时候，不妨放低自己的身价，虚心请教提问，再说几句赞美之语，说不定能取得良好的效果呢。

密钥

请教式提问能更容易让对方接受，让对方感受到自己的价值，从而产生某种成就感。这样的提问方式大多适用于下属对上级、学生对老师、晚辈对长辈，由于对方身上有自己不具备的一技之长，遂以请教的提问方式表达自己的仰慕之情。在请教式提问的过程中，对方往往能答应自己的请求，或者主动帮助你渡过难关。

第09章　绝妙应答，你来我往见功力

与提问相伴的就是答，问与答构成了语言交流的重要形式。即便是同样的问题也会有不同的回答，而不同的回答又会产生不同的效果。我们甚至可以说，那些不擅长回答问题的人，其实根本不会沟通。当然，在提问反馈中，回答也是需要技巧的。

预见问题，早做准备

俗话说："有问必有答。"假如说提问成为贯穿在整个沟通过程中的关键组成部分，那与之相伴的应答也享有同等的地位。一些沟通在某种程度上具有强烈的针对性，所以回答在沟通中也显得非常重要。回答是为了很好地互通信息，将自己的想法和不满借助别人提问的机会巧妙地表达出来。对对方提出的问题给予回答，还可以加深情感、解决问题、提升沟通质量和通过互动做到平时无法做成的事情。

在《新约》里有这样一个故事：

犹太人和法利赛人带来了一个通奸的女人，他们当中问耶稣："按照摩西的法律，应该用石头打死这个女人。你说应该怎么办？"这是一个圈套。如果同意的话，耶稣身为一个"救世主"就要为这个女人的死负责任，但是如果不同意，那么他就违反了摩西的法律。

于是耶稣说："你们中如果谁没有犯过错的话，谁就用石头打死她吧！"每个人都扪心自问，都觉得自己并不干净，于是就走开了，而那个女人也就得救了。

在实际沟通中，有时候我们所面对的问题比耶稣所面对的问题更难以回答。在上面这个案例中，耶稣凭借着自己的聪明才智巧妙地回答了这个问题，在现实生活中，我们又该如何回答这些问题呢？

1.预见问题，早做准备

高明的沟通者在接受他人提问之前，都会做好充分的准备。在对整个事情深刻了解、整理出自己的观点和看法的基础之上，还应该有预见性地发现问题。当你掌握了大量的资料和情况，你就可以以自己的看法，提出一些有代表性的问题。因为，有可能你所预见的问题就是对方对你的提问。另外，还应该预见一些他人提出的一些不友好的问题，及时作好相应的应对措施。

2.倾听问题

当沟通者已经做好了准备工作，面对对方，那就是应该倾听问题了。这就需要营造一个利于对方积极提问的氛围。沟通者在听取他人提问时的态度，对提问者的情绪有很大的影响。这就需要沟通者保持认真、精神专注的积极态度，提问者会感到我们是重视听他的提问的，从而就把自己的提问毫无保留地说出来。有的沟通者在面对他人提问时，显得心不在焉，一会儿打个电话，一会儿向别人交代事情，一会儿插进与提问不相关的问题，这样就让提问者感到不被重视，他就有可能向你提出一些报复性的恶意问题。

3.确认对问题的理解

在倾听问题的过程中，需要重新确认对问题的理解。对问题的正确理解是你更为准确回答问题的基础。另外，还要注意把对方所提的问题完全听完之后再回答，这一方面可以为自己整理思路争取一点时间，另外使自己有个整体的判断，并及时辨别该问题的性质。千万不要听到前面半截就开始开口回答，这有可能会掉进提问者设好的圈套里。

4.辨别问题的性质

有些问题听起来似乎有道理，但实际上是恶意的提问。我们必须善于识别这些恶意的提问，并根据他们不同的性质，采取恰当的方法，予以正确的回答。总之，面对那些不友好的问题时，一定要冷静，仔细分析，明确突破口在哪里，采取什么样的回答技巧，能够消灭提问者的嚣张气焰。

5.用不同形式回答问题

为了使提问者的积极性不受挫伤，能够持久地保持下去，我们需要对提问者的问题进行回答。不管是那些不必回答的问题，还是那些不友好的问题，你都可以采用不同的方式进行回答。对那些重点问题，你应该认真回答，清楚地阐述出自己的意见和看法。面对那些不必要回答、不友好的问题，则应该采取灵活的方法，或是避实就虚，或是避其锋芒，或是沉默地拒绝。

回答问题的这几个步骤都是十分地关键，这就需要沟通者熟悉每一个环节，把握好每一个环节，这样才能够占据交谈的主导位置，使自己被动变为主动，更加全面地回答提问者的问题。

密钥

面对他人的提问，应该快速整理一下这些问题，确认对这些问题的理解。这就包括你要仔细分辨哪些问题是不需要回答的，哪些问题是需要重点、详细回答的，哪些问题是不友好的，并及时想出对策。

表达理解之情，制造共鸣

在实际沟通中，要想与对方成为朋友，就要学会分享他的思想和情感；要想对方能够敞开心扉，就需要解除他的心理防线。尤其是在提问的过程中，我们要给予那些回答问题的人及时的反馈，制造出共鸣，表达对对方回答的理解之情。绝大多数人在面对陌生人的时候，都会不由自主地建立一道心理防线，眼神里满是戒备和冷漠。但是，如果你能够让对方感觉你们是同等位置的人或者正好你们的喜好兴趣都是相似的，那么在你们之间就会产生共鸣。他会觉得你是可以信赖的朋友，是可以谈心诉苦的朋友，自然就会对你敞开心扉。

伊丽莎白·洛亚科是一位澳大利亚人，她采用了分期付款的方式买了一辆车子。但是由于种种原因，她已经有六周的时间没有按合同交款了。一个星期五的上午，负责洛亚科买车付款账户的一名男子给洛亚科来了电话，他在电话里愤怒地告诉洛亚科，如果下周一上午不把钱交上的话，他们将采取进一步的行动。

刚好又是周末，洛亚科没有筹到钱。于是这名男子又在星期一给洛亚科的电话里说了更多难听的话。洛亚科先真诚地道歉，说真的是给他带来了很大的麻烦，而且因为自己六周没有付款，一定是客户中最让他头疼的。这名男子听了洛亚科这一番话后立即改变了态度，说洛亚科并不是最让他烦心的，还举了几个例子来说明。他说有一个客户经常撒谎，有心躲着不见，还有的非常不讲理。

洛亚科没有说话，只是静静地听，让他把心中的不快都说出来。最后，还没有等洛亚科提出什么要求，这名男子就主动说如果洛亚科不能马上交还欠的钱也可以。只要洛亚科在本月底先付给他20美元，然后，在她方便的时候再把其余的钱交给他就可以了。

洛亚科真诚地道歉后，双方谈话的气氛开始发生了变化，洛亚科开始并没有为自己争辩什么，而是表达出自己的理解之情。那位男子语气也开始变化，他发了自己的牢骚后，居然也没有继续追问付款的事情，而是相同地站在洛亚科的角度上，再给洛亚科宽限数日，这样，双方都愉快地结束了谈话。

1.站在对方的角度想问题

如果我们在听取别人答案的时候，能从对方的观点去想，站在别人的立场分析事情，就能够得到对方的认可和信赖，并促使整个沟通走向和谐。由于换位思考，可以感同身受地体会他人的难堪、苦恼。因此，在沟通过程中，我们希望得到他人的支持，希望别人能感受我们所感受的，最好的办法就是让对方站在自己的立场看待问题。这样，他就能真切感受我们所面对的难处，自然而然就会全力支持我们。

2.重复对方回答中的某些话语

当我们提出问题之后，对方定会针对我们的提问做出一些回答，这时我们应该仔细倾听对方的回答，并适当重复这其中的某些话语，表达出自己的理解之情。这样，对方就能感觉到我们内心的真挚，自然会对我们产生好感。

密钥

共鸣是一种强烈的心理感应，意味着双方之间有共同的心理体验。在沟通过程中，人与人之间是很难在一开始就产生共鸣的，尤其是当我们试图说服对方或者对他人有所求的时候。所以，当对方在回答我们所提出的问题的时候，我们需要及时给予反馈，表达出对对方回答的理解之情，这样才能从中寻求到共鸣。

态度诚恳，让对方备受尊重

作为一名沟通者，不仅仅要通晓沟通的理论知识，还必须拥有娴熟的应答艺术。尤其是在沟通过程中，面对对方的提问，应用诚恳的态度回答，显示出自己的诚信。卓越沟通者大多主张与对方进行坦率诚恳的沟通，尤其是面对对方所提出的问题，应以诚恳的态度回答或帮助其解决问题，显示出自己应有的诚信。

在日常生活中，双方之间的沟通是不可避免的，沟通问题同样也是无可避免的，而诚恳、坦率是人际关系中的重要元素，同时，也是促进沟通渠道畅通的有效保证。在任何时候，态度诚恳都将是最受用的沟通方式。

松下幸之助是一个坦诚直率的人，因此他也希望员工同样有自主性，同样坦诚直率，从而在公司形成一种自由豁达的风气。

在松下的企业里，允许员工当面发表不同的意见和不满，并鼓励员工提问。松下公司员工必须遵守公司经营理念的要求，在此基础上，每一个员工都不必惟命是从，可以自由发挥自己的判断力，而不是采取消极的态度。松下说：“员工不应该因为上级命令，或上级希望大家如何做，就盲目附和，惟命是从。”

以前，松下电器的员工分为一、二、三等和候补四等。有一位迟迟未获升迁的候补员工对自己的境遇十分不满，所以就直截了当地对松下说：“我已经在公司服务很久了，自认为对公司有了足够的贡献，早已具备了做三等员工的资格。可直到现在，我也没有接到升级令。是不是我的努力还不够？如果真是如此，我倒愿意多接受一些指导。其实，恐怕是公司忘了我的升级了吧？”松下态度诚恳地听完了下属的话，他当即表示：“你说的情况，我马上会去调查，到时候，一定会给你圆满的答复。”他对此非常重视，责成人事部门调查处理，不久就给候补员工办理了升级手续。

松下从不限制员工越级提问题或提建议，即使普通员工，也可以直接向社长，而不是他的直接上级反映问题，表明主张。所以他提醒那些高层干部，要有这种心理准备，对此要有欢迎的姿态和支持的行动。松下认为，公司既然是大家一起经营的，就应该由大家来维护，无论哪一环出现波动，破坏团结，都会影响到企业的正常运转。

在这里，松下作出了两个正确的决策，一是鼓励下属提问，二是诚恳地解决下属的问题。当面对一位对自己的境遇十分不满的下属，松下虽然没能当面回答什么，但却以自己的实际行动回答了对方。如此的态度是无比诚恳的，也难怪松下会成为世界知名的品牌，这跟领导者对下属诚恳态度是有密切关系的。

提问、回答实际上是一个交流的过程，面对对方的提问，应保持诚恳的态度回答，而态度诚恳主要包括以下几个方面。

1.用心倾听

学会倾听是成功交流的前提，我们必须弄清楚对方提出的问题，才能作出有效的回答。好的倾听者，不但是用耳倾听内容，更是用心听感情，正确的倾听态度是达到最佳倾听效果的前提。在与对方的沟通过程中，认真倾听对方的问题不只是对对方的尊重，还可以体现出自己的修养。学会倾听是加强双方之间的沟通，促进形成良好的人际关系的有效途径。

2.用心交流

在与对方进行语言交流的时候，我们要学会用心交流。在回答问题的时候，简洁明了、用心说话，不能公式化地回答，不与对方交流。一个会用心去和对方交流的沟通者，会向对方展现除问题之外的东西，诸如情商、诚信。

3.不要彻底回答

回答问题时不要彻底回答，就是我们将问话的范围缩小，或只回答问题的某一部分。有时对方问话，全部回答不利于己。比如，对方询问“你们对这个方案怎么看，同意吗？”这时，假如马上回答同意，那时间尚未对，我们可以回答说：“我们正在考虑、推敲……”

密钥

美国总统林肯曾说：“一滴蜂蜜要比一加仑胆汁更吸引苍蝇。人也是如此，如果你想赢得人心，首先就要让他相信你是他最真诚的朋友。那样，就会像一滴蜂蜜吸引住他的心，也就是一条坦然大道，通往他的理性彼岸。”用诚恳的态度回答他人的提问，以此打动人心，这本来就是最佳的沟通方式。

事实说话，回答有理有据

面对他人的提问，回答应有理有据，句句中肯而不偏激。不管你遇到的是多么无聊的问题，还是多么让人气愤的问题，在回答的时候都应遵循一定的理据，说话中肯，如此才不会失了自己应有的身份与气度。当然，要想回答有道，则应做好准备工作。这样在正式回答问题的时候，才能应付自如、游刃有余，也才能做到有理有据、句句中肯不偏激。

我们有可能被问到任何问题，尤其是一些犀利的提问者，经常会问一些敏感、刁钻古怪的问题，如果没有做好充分的准备，那就会直接导致你在提问者面前张口结舌，场面会十分尴尬，进而会影响到自身的形象。

王先生是一家企业的销售部经理。一天，下属小李来到办公室，对他说："我来公司三年了……您看，是不是应该酌情给我加薪呢？"王先生想了一会儿，说道："小李，我知道你从跑业务做起，时间已经不短了。我觉得你在工作报告中提到的那几点都很重要。但是现在的情况是，我们部门离第一次薪金评估还有很长时间，而我个人无法批准薪金评估报告。"

"另外，说实话，我觉得就你现在这份业绩表的内容来说，按照我们部门的薪金评估标准，这些数据的说服力还显得很不够。现在离年底的评估报告还有一段时间，你可以再努力努力，争取让你手上的那两个大客户跟我们公司签了合约。而且，我们公司最近推出的那个新产品，相信你肯定也能做出点业绩来的，你不妨尝试一下，这样在年底评估的时候，你就可以有一份比较有说服力的报告给我，到那时我一定会尽力为你争取加薪。"

面对下属提出的加薪请求，王经理巧妙地为他设定了一个比较实际而又有意义的工作目标，聪明而又不着痕迹地拒绝了他现阶段的加薪要求。在整个回答过程中，可以说是句句中肯，有理有据，并且清楚地向他表明，加薪要有客观的工作成绩，而他目前的工作成绩还不足以享受这个薪资待遇。更为重要的是，谈话将负面的拒绝转向为正面的激励，使加薪成为员工努力工作并取得更高成就的动力。

那么，在现实谈判中，我们该如何做到用事实说话、回答有理有据呢？

1.保持清晰的思路

在回答问题之前，必须保证自己的思路清晰。因为只有在自己思路清晰、思维敏捷的情况下，才有可能对别人提出的问题进行及时、有效地回答。如果在提问之前，你的思绪还是一片混乱，那么当对方突然进行发问的时候，你就有可能一下子卡在那里了，这样就会造成十分难堪的局面，甚至有损你的形象。

2.不要马上回答

对于一些问题，不一定要立即回答。尤其是对一些可能暴露自己意图、目的的话题，更需要小心谨慎。比如，对方问“你们准备开价多少？”假如时机未到，就不要立即回答，可以找一些借口转移话题，或所答非所问，如产品质量、交货期限等，等时间到了再抛出答案。

3.不肯定地回答

模棱两可、弹性较大的回答有时非常需要。沟通时针对问题的回答并非是最好的回答。我们在回答问题时要明白该说什么和不该说什么，而不必考虑所答的是否是准确的。比如对方问“你们打算购买多少？”假如考虑先说出订数不利于讲价，那么可以说“这要根据情况而定，看你们的优惠条件是什么？”

4.找借口搪塞

在许多场合下，提问者会采取连珠炮的形式提问，这对回答者非常不利，尤其是当对方有所准备时，会诱使我们落入其圈套。所以，要尽可能使对方找不到继续追问的话题和借口。那我们在回答时，可以找一些客观理由，比如“我们交货延期，是因为铁路运输……许可证办理……”不过不用说自己公司方面可能出现的问题。

密钥

一般来说，我们在回答问题时主要有五个步骤，那就是：预见问题，早做准备；倾听问题；确认对问题的理解；辨别问题的性质；认真回答问题。必须在这五个步骤中牢牢掌握自己的主动权，把握好每一步，才能够准确、巧妙地回答对方的问题。

顺势反问，将问题还给对方

在沟通过程中，免不了会遇到别人提出的一些问题。有的问题没有必要回答，而这时候就需要拒绝回答问题。但是很多人都有这样的体会，别人对你提出了某个问题，出于理智的考虑应该拒绝，但是出于某种交际的缘故，直接拒绝又会破坏彼此之间的愉快气氛，而且也有损自己的形象。不可否认，我们不希望因为拒绝回答问题而使交谈陷入困境，使对方感到不快。并且，在很多时候，直截了当地拒绝对方的问题，效果不佳。因此，我们有必要学习运用一些正确而巧妙的拒绝方法，既达到不回答问题的目的，又不使对方感到难堪。这时候不妨巧用反问，将难题返还给对方，将自己解脱出来。

一般而言，反问有三种情况：一是回击对方的刁难、攻击自己的话语；二是反驳对方的人品；三是反驳对方话语中所提出来的建议。其目的在于，帮助自己顺利摆脱尴尬，同时，巧妙地将难题返还给对方。

徐稚是南昌人，他11岁的时候与太原的郭林宗一起游学。有一次，他们一起回家，看见郭林宗家里有一棵树，郭林宗想将这棵树砍了，他说：“宅中有树，犹如口中有木，成了不吉利的‘困’字，所以，想把这棵树砍掉。”

当时，只有11岁的徐稚回答说：“如果宅中不能有树的话，那么宅中也不能有人，因为口中有木成了‘困’字，口中有人成为了‘囚’字。如果说‘困’就不详，那么‘囚’字又有什么不同呢？”问得郭林宗无言以对。

在上面这个案例中，只有11岁的徐稚通过一个反问就将郭林宗的观点给反驳了。在日常交际中，领导者有可能遇到一些咄咄逼人的提问，或许问题是属于机密不能泄露，或者此问题太敏感以至于无法作出正面回答。那么，如何巧妙地避开这些话题，又能让自己成功地解脱尴尬境地呢？这时候，不妨巧用反问，通过这个巧妙的办法，你可以原封不动地将这个难题抛给对方。比如，对方会问“听说你们公司即将倒闭了，这是真的吗？”这时，你不妨反问“我不清楚这件事情，你知道吗？我还希望你能给我说说呢”，一下子就将对方说得哑口无言。

如果对方想问的是某些关于自己的隐私问题，不妨打打太极，故意模糊对方的问题，转移话题。比如，对方会问“你一年的收入大概是多少”，你可以模糊回答“如果我想去全国旅游，应该是没有问题”。至于这趟旅游的花费到底是多少，你不知道，他更无法知道了。

有时候，对方会提出一个不可思议的问题，而你又不知道该如何回答他，这时，不妨诱导对方自己否定自己。比如，拿破仑曾对自己的秘书说：“布里昂，你知道吗？你也将永垂不朽了。”秘书不理解，拿破仑说：“你不是我的秘书吗？”布里昂明白了，笑着反问：“请问，亚历山大的秘书是谁？”如此一个反问，使得拿破仑否定了自己之前的论断。

密钥

反问是不需要回答的问题，答案就在问话之中，就是对问话的否定。当自己不能回答出对方所提出的问题，使整个话题陷入了窘迫的境地，这时，应该采取反驳式的回问，将难堪的问题抛给对方，自己则能成功地从难堪境地中解脱出来。

Part 3

见什么人，说什么话

§

俗话说：“见人下菜碟。”其实，每个人的性格不同，交往方式也有所区别。说话技巧以及方式的不同，源于沟通过程中的应变智慧。

§

第10章　邂逅陌生人，寒暄适宜开门红

每天，我们会邂逅许多陌生人，与他们有或多或少的来往。他们之中的某些人可能成为我们的莫逆之交，也有的只是我们人生路途中的过客。其实，无论是什么样交情的人，都有由陌生到熟悉的过程。

大方地自我介绍，给对方留下好印象

人都说一回生、两回熟。“两回”不难，难就难在头“一回”。难在哪儿呢？难在面对的是陌生人，不知该从什么话说起，不知该说什么话，不知该说的话会不会让人听了感觉不悦……也就是说，面对陌生人，最难的就是如何通过自我介绍，给对方留下好印象。而如果我们懂得抓住对方的心理，使用一番别具特色的语言，定是能打动对方的。

一次非正式聚会中，一位老师将两个初出茅庐的大学毕业生引见给某作家认识。男生A这样介绍自己：“您好，我叫某某，今年刚毕业，正在找工作。”这位作家一听，当时有点愣，可能是头一次听人这么介绍自己，只好接话说：“是吗？那加油啊，祝你早日找到满意的工作。”

而女生B的介绍则完全不同，她介绍自己的方式是拉近距离形成对比：“你好，听说你是一位作家。”这位作家赶紧谦虚地说：“哪里算作家，就是随便写写。”女生B笑吟吟地说：“我也是，不过我更喜欢画画，我是一名美院毕业的学生。”很快，女生B和这位作家产生了两个共同的话题——写字和画画。等到聊得比较热烈之后，女生B自然地提到找工作的事，而这

位作家则表示可以引荐她认识在美术馆和画廊工作的朋友，一切来得水到渠成。

很明显，男生A的自我介绍是不得要领的。首先，他和这位作家完全不熟，在作家对他的性格和特长一无所知的情况下，他传达给作家一个他正在找工作的讯息，属于无效信号。无疑，这会让这名作家产生这样的心理：此人不懂礼数。而女生B的自我介绍则注重从拉近与陌生人的距离开始，以攻心为主，句句话都说到作家心里去了，自然赢得了作家的好感，得到作家的指点也自然是水到渠成的事。

最近，单位里来了一名资深顾问。虽然是第一次见面，但这位顾问直接问小叶：“我叫ＸＸ，有男朋友吗？一定没有吧？你看起来好严肃呀！”还一直问小叶：“喂，你叫什么来着？”小叶心想，就算比别人厉害，也要顾好自己在别人眼里的第一印象吧！不仅小叶，单位其他同事也对这位顾问的印象不好。

很明显，这位新来的顾问，因为说话太过招摇，而让同事产生了不好的印象。和这位资深顾问不同，新来的小唐的自我介绍就很好：

今天是小唐第一天上班，她的工作就是负责接电话，但是对方好像听不懂她在说些什么。她表现得很紧张，用手捂着话筒对旁边的老职员李姐说：“李姐，我是新来的小唐，早上也没跟你介绍一下，真对不起。客人好像不懂我在说什么，我刚来对业务也不太熟，你能帮我向他说明吗？”

原本还觉得新来的小姑娘不懂事的李姐一下子怒意全无了，她心想：看她的样子虽然很可笑，不过如此认真的态度倒是让人颇有好感，让别人也乐意帮她，比一些不懂装懂而误事的人强多了。

总之，自我介绍是一门学问。自我介绍的每一句话都要说到对方心里去，散发出你的交际品质，让对方觉得你是一个有个人风格的人，对你产生良好的印象，也就成功达到了攻克陌生人心理堡垒的目的。

那么，与陌生人初次见面时，该怎样大方地介绍自己，才能给对方留下个好印象呢？

1.巧妙地介绍自己的名字。

与人初次见面时，想让对方记住自己，最简单的办法就是让对方记住自己的名字。比如，你可以对自己的名字做一个简单但容易被别人记住的介绍：“我姓接，接二连三的接，认识我，你会有接二连三的好运！”

2.自我介绍要摆脱陌生人情结

其实每个人跟陌生人交谈时内心都会不安，一定要自己先放下陌生人情结。面对陌生人不需要刻意装模作样，不过也要表现出你的诚意。只有这样，才能显出你的大方和热情，才会让对方觉得你是一个有良好的交际品质的人，从而愿意与你进一步交往。

3.解读现场的气氛与对方的心态

自我介绍不可太过冗长，有时候只需要简短的一两句话，因为吸引别人的也许正是开篇的某个亮点。同时，我们在介绍自己的时候，要避免谈论让人讨厌的话题，不要一个人一直发表看法，也要学习倾听别人说话。解读现场的气氛，看准时机再发言。

4.保持谦虚低调

我们在自我介绍的时候，除了突出自己的亮点，还是谦虚低调为好，免得让别人留下“此人爱吹”的第一印象。

密钥

出入社交场合，免不了要自我介绍一番。很多人觉得这很容易：“您好，我叫××，是做×××的，很高兴认识你。”这不就结了？但像这样平淡无奇的介绍，下次见面时，你十有八九会忘记对方的名字，甚至压根儿忘掉这个人。忘记别人是谁可能会尴尬，不被人记住才最可悲。

别不好意思，与陌生人轻松聊天

许多人都有这样的体验，在走进一间陌生的房间，或是与一个不熟悉的人碰面时，在心里对自己说的最多的一句话，就是：“我该怎么样打破僵局，交到朋友？”而独处的时候，有时又会突然想到“啊，那天我很唐突地说了那样的一句话。”或者是“哎呀，我当时怎么说了那么破坏气氛的话。”想起来的时候，真是恨不得咬掉自己的舌头。可是，世上没有卖后悔药的，我们只好悔恨地提醒自己，下次不可以再犯。可是这样的话又经常弄得自己很紧张，甚至惧怕与陌生人的约会。

事实上，每个人在与陌生人交往的时候，都希望对方能主动打破尴尬。因此，我们要想攻破对方的心理防线，就要懂得应该与陌生人聊什么。

迈克是一家外企公司的人力资源经理，最近他招收了一批新员工。让他感到不解的是，这些员工们在应聘时一个个都是侃侃而谈，对考官的各种提问都应答如流，可是进入公司后，很多人不善言谈的弱点就暴露出来，即便让他们说些迎言送语式的话，也是面红耳赤，羞涩得不得了。后来，迈克主动找他们谈话，问他们是不是对新环境感到不适应，他们大多低着头，小声嗫嚅：“不习惯和陌生人说话。”倒是其中有一个人反问迈克：“我也不知道该怎样做才能把自己融入集体？”

迈克笑了笑，随后问另一个把嘴管得死死的新员工：“你是不是每次跟人说话都像赶考？”他点头表示“是”。迈克说：“你这是患了语言怯生忧郁综合征了。”

恐怕很多人在陌生人面前都出现这样的情况，因为怯生，所以就会舌头打滚、语无伦次，越想把话说得尽善尽美，越是说得言不达意。这就像一个初次登台的演唱者准备得越充分，演唱效果越是打折扣一样。戴尔·卡耐基在他的《人性的弱点》中提到了人际关系的抑郁症，是什么导致抑郁？是怯生。而怯生的原因反过来归结于我们不懂得如何说出打破尴尬的话。

那么，我们该怎样做，才不觉得不好意思，并将话说到陌生人心中。为此，我们需要掌握几个要点：

1.开门见山

如果你经人介绍和一个陌生的群体认识，你不知道他们，他们也不了解你，你的心跳会不会突然加快，不知道如何是好？

有几种开门见山的开场白，比如“初来乍到，请大家多关照”“今后我们要一起共事了，我有什么不妥之处，还请各位包涵”“作为新人，能得到大家的如此热情，真让我感动不已”“认识大家很高兴”……这样在群体面前说话，会让众人觉得你热情有加，心理距离也就一下子拉近了。

无论是对一个陌生人还是陌生的群体而言，沉默不语均被视作对这个群体的拒绝；说话太多也难以让陌生人所接受，而且还会让人感到害怕。第一印象是带有根本性的。如果你没有管好自己的嘴，在陌生人面前失言或过分表现自己的所谓口才，那么你都会被陌生人从心里拒绝。而如果你懂得与陌生人聊天的语言秘笈的话，你就能轻松打动陌生人的心，从而轻而易举地跨过与别人之间的栅栏！

2.问话探路

把对方假设成一般过路人，然后像问路一样，找一些自己心里有数却佯装不知的问题请对方来回答，这样你就取得了语机上的主动。无论对方的回答对与错，你均需认真地洗耳恭听，即使对方说错了，你也应该将错就错地表示谢意。因为，这种问话探路的目的并不是要找到什么答案，而是为了打开你和对方语言交流的闸门。

一旦双方对话的闸门被打开，原先那种陌生感就自然会消失。因为通常情况下，没有人会恶意地拒绝一个虚心请教者。相反，只要对方愿意搭你的话，你所预期的社交方案便已经成功了一半。问话探路法只适用于和一个陌生者搭话，若和一个团队接触，则不适用。

3.轻松探微

和一个陌生人初识，有时只需抓住对方工作或生活的某个细节，就会很顺利地叩开对方的心门，激发彼此交流的欲望。

仔细观察一下你身边的陌生人，看看他们是否有比较特别的地方，比如对方使用的手机款式让你非常青睐，比如对方的耳环是不是很特别……谈论这些细节很可能立刻吸引对方的兴趣。聊天的话题最好选择节奏感比较轻松明快、无需费尽思量的，这样就不会让人对你的搭话产生反感。有时候，即使无语，只需向对方抱以会心的一笑，也会拉近彼此的距离。

当对方有意和你沟通时，无论对方的话是对是错，切忌否定对方，因为毕竟你们还不熟，一旦被否定，余下的沟通就很难继续，前面你所做的一切努力也会因此而变得徒劳。

密钥

俗话说："一回生，两回熟。"第一回你就怯生而不语，何来第二回的相熟？要想尽快和陌生人相熟，不说话是不行的，但说话也要看怎么说。如果面对的是群体，你就不能急于回答他们的问题，以防捡了芝麻丢了西瓜。

说好场面话，消除陌生感

你是否有过这样的经验，当你偶然进入一个陌生的地方，那里有你熟悉和不熟悉的人，他们看见你来了，立即起身用几句客套话对你表示欢迎，然后请你坐下来寒暄几句。这样一来，双方的感觉都会不错，感情自然也会更进一步。场面话是交谈的润滑剂，它能在陌生人之间架起友谊的桥梁。由于两人初次见面，对彼此都不太了解，往往陷入无话可说的尴尬场面。这时我们不妨以一些场面话为开头，比如，“天气似乎热了点！”或者“最近忙些什么呢？”等等。虽然这些场面话大部分并不重要，然而正是这些话才使初次见面者免于尴尬的沉默。而同时，最为重要的是，会不会说场面话是一个人懂不懂礼数的重要表现。从心理学的角度看，人们都喜欢与知晓礼数的人交谈。为此，说好客套场面话，是敲开陌生人心理大门的一个重要方面。

在交际过程中，经常使用客套话、场面话和寒暄语，可以消除陌生心理，促成彼此间的良好交往，正如培根说过的：“得体的客套和美好的仪容，都是交际艺术中不可缺少的。”所以，会交际的人应当像司机精通交规一样，熟悉和掌握好各种客套话。

在古典名著《红楼梦》中，就有许多经典的场面话。在《刘姥姥进大观园》一回中，刘姥姥找到周瑞的娘子时，两人就用了许多场面话来进行寒暄。

周瑞娘子迎出来问：“是哪位？”刘姥姥忙迎上来问道：“好呀，周嫂子！”周瑞娘子认了半天，方笑道：“刘姥姥，你好呀！你说说才几年呀，我就忘了。请家里来坐罢。”刘姥姥边走边笑道：“你老是贵人多忘事，哪里还记得我们呢。”来至房中，周瑞娘子命小丫头倒上茶来吃，在问些别后闲话后，又问姥姥：“今日是路过，还是特来的？”刘姥姥便说：“原是特来瞧瞧嫂子你，二则也请请姑太太的安。若可以领我见一见更好，若不能，便借嫂子转达致意罢了。”

在这段对话中，刘姥姥与周瑞娘子说的大部分都是场面话。刘姥姥通过一番场面话，让周瑞娘子觉得，刘姥姥虽然是个出身寒酸的人，但还是很懂礼数的。而同时，刘姥姥也化解了自己寒酸身份的尴尬，之后双方再聊起正题就显得亲切许多，自然，周瑞娘子也会给刘姥姥一个见主子的机会。一些本来不好开口的话，经过场面话的客套之后，听起来就舒服多了。因此，在交际过程中，一定要重视场面话的作用，特别是当你与陌生的人或不熟悉的人交往时，场面话无疑是打破距离障碍的第一把钥匙。

一般来说，场面话有以下几种：

1.当面称赞人的话

诸如称赞小孩子可爱聪明，称赞女士的衣服大方漂亮，称赞某人教子有方……这种场面话所说的有的是实情，有的则与事实有相当的差距，但只要不太离谱，听的人十之八九都感到高兴，而且旁人越多他越高兴。因为，每个人都愿意听赞美的话，尤其是公开赞美的话，对方接受起来也更乐意。

2.当面答应人的话

和陌生人交往，如果对方希望你帮什么忙，即使你不能帮忙，也不能当面拒绝。因为场面会很难堪，而且会马上得罪人。你可以说这样一些场面话，诸如“我全力帮忙”“有什么问题尽管来找我”等。给足对方面子，不至于让他下不来台，他也会觉得你是个顾全大局的人。

3.特定场合的客套话

我们要记住一些特定场合下有针对性的客套话。比如在打扰别人或者给对方添麻烦时，要真诚地说一声“对不起”“不好意思”，一旦没有了这句话，对方可能很长时间还对此事耿耿于怀；在求人办事后，要真诚地说声“谢谢”“拜托您了”，如果没有这句客套，对方会认为你求人的态度不够真诚或者认为你不懂礼节，对你的印象大打折扣；在作报告或者讲话时，可以先客套一下，“我的讲话水平不高，讲得不好，还请大家见谅”“如果讲得不好，还望大家多多指正”……这类客套话看似随口而出，实际上确实起到了表现自身涵养的作用。

密钥

会说场面话的人都是交际场中的老手，即使是陌生场合，不论遇到多大身份的人也不会觉得不好意思，更不会冷场。可见，场面话的运用就像一把打开话匣子的钥匙，它可帮助你和陌生人顺利地谈话。因此，在与陌生人说话的时候，我们需要掌握一些场面话的说法，并在三言两语之间，就能轻松让对方为我们打开心门。

积极寒暄，打开对方心扉

很多人不愿意开口跟陌生人说一句话，是出于一种防备和自尊心理，在这种时候，你应该学会激起说话对象的某种情绪，让他慢慢打开话匣子。而这就需要我们多说些积极的话语。因为通常来说，人们在快与不快这两种情绪中，会下意识地选择快乐的情绪。

举个很简单的例子：设想你正在乘着火车，你已坐了很久了，而前面还有很长的一段路程。你想与他人讲讲话，而如果你对对方说："真是一条又长又讨厌的旅程，你是否也有这种感觉？""是的，真讨厌。"对方肯定会这样回答。而接下来，你会发现，无论你说什么，他对你的回应都会是草草应付。这是为什么呢？因为你的开场已经给他带来了不快的情绪。语言可以表现一个人的人格。积极的语言会感染别人，使得他人得到鼓舞和关怀，我们来看看意大利著名女记者奥琳埃娜·法拉奇的一次采访经历：

20世纪80年代，法拉奇打算到中国对某位领导人进行一次专访。然而，当时中国刚刚改革开放，在此之前中国与西方世界有着长达几十年的冷战，法拉奇非常担心这次专访能否成功。于是，在采访前，她翻阅了许多有关采访对象的书籍，在看到一本传记时，她注意到这位领导人的生日是1904年8月22日。于是，她脑海中有了些想法。

1980年的8月22日，中国某领导接受了法拉奇的专访。

"先生，首先我谨代表我们意大利人民祝福您，祝您生日快乐！"法拉奇十分谦逊有礼地说道。

“我的生日？我的生日不是明天吗？”领导说道。或许是工作太繁忙了，他已经忘记了自己的生日。法拉奇这么一说，他自己也搞糊涂了。

“不错的，先生，今天确实是您的生日。我是从您的传记中知道的。”法拉奇信心十足地说。

“噢！既然你这样说，就算是吧！我从来也不知道什么时候是我的生日。就算明天是我的生日，我也已经76岁了。76啊，早就是衰退的年龄了！这也值得祝贺？”显然，法拉奇的问候已经让这位领导对她有了好感，所以他不禁和她开了个小小的玩笑。

“先生，我父亲也是76岁了。如果我对他说那是一个衰退的年龄，他会给我一巴掌呢！”法拉奇也和他开起了玩笑。那位领导听后，哈哈大笑。“他做的也许对。不过，我相信你肯定不会对你父亲这样说的，对吧？”

融洽的采访气氛就这样十分轻松地形成了，接下来便是法拉奇此行的真正目的，她将谈话引入正题，采访顺利进行。

法拉奇之所以能获得成功，是由于她这一番积极的寒暄：76岁对于一个人来说，的确是一个衰退的年纪，但她却巧妙地开玩笑：“我父亲也是76岁了。如果我对他说那是一个衰退的年龄，他会给我一巴掌呢！”很明显，她这一番话营造出了积极轻松的交谈氛围，也消除了与领导之间的陌生感，就会使切入正题变得顺利多了，所以她的采访都得到了满意的答复。

那么，我们应该如何说才能打开对方心扉呢？

1.用有积极意义的语言应对

什么是积极的语言呢？积极的语言就是能促进彼此交谈，增深彼此友情的带有积极意义的语言。比如，当你和陌生人说话时，对方对你的态度突然间冷淡下来，这时与其一个人冥思苦想：“难道我说了什么伤感情的话？”不如直接试着问对方：“我是不是说了什么失礼的话？如果有的话请您原谅。”这样一说，即使对方真的有什么不满，心有不悦，也会烟消云散。因为你的坦诚已经让他原谅了你。

2.说话要真诚

由于说话态度不同，语言既可以成为建立和谐人际关系的最强有力的工具，也可以成为刺伤别人的利刃。如果没有发自内心的关怀的心情，即使用再多华丽的语言，也会被对方看穿。所以满怀真诚是最重要的。

3.对方的优点或值得夸奖的地方要马上夸奖

夸奖陌生人，要比赞扬熟人难，因为彼此还不熟识。对此，我们需要细心观察，找出其可赞扬之处。比如，从对方的穿着、打扮、配饰开始："您今天穿的西服颜色真漂亮！"可是不能夸大，因为对方明白，既是初次见面，你就说出这么多的恭维话，必定感觉得到你是在溜须拍马，而对你非常反感。所以，一定要说出真情实感。

4.不要说对方不爱听的话

使语言不成为利刃的最低条件是什么呢？那就是不要说对方不想听的话题。对此，我们应慎选话题，这样一些话题不宜提及：对方深以为憾的缺点和弱点；上司、同事以及一些朋友们的坏话；人家的隐私；不景气、手头紧之类的话；一些荒诞离奇、黄色淫秽的事情；妇女的年龄、婚姻情况、家庭财产等；个人恩怨和牢骚；一些尚未明辨的隐衷是非；令人不愉快的疾病详情；自己的成就和得意之处。这些都是对方敏感的话题，也是禁忌的话题。不说对方敏感的话题是建立和谐人际关系的准则。

密钥

总之，与陌生人说话时，应多说积极的话语，令对方感到振奋开心，这对于我们成功影响对方心理，打开交际局面是大有帮助的，这也是我们必备的一项说话本领！

第11章　汇报领导，亲疏有间赢青睐

俗话说得好：会做的不如会说的。作为职场人，如果想只凭借熟练的技术和诚恳的工作态度，就在职场游刃有余、出人头地，未免想得有点太简单。尽管能力和勤奋都很重要，但会说话，善于向领导汇报，做到亲疏有间，也不容忽视。

既要埋头苦干，又要推销自己

许多人可以说是勤奋员工的典范，在职场中，他们总会恪守脚踏实地的原则，做任何事情都是循序渐进。他们明白，如果要想获得成功，就必须从小事做起，哪怕是一件微不足道的小事。他们更愿意通过慢慢添加一砖一瓦，踏踏实实地坚守自己的位置，最后打造出属于自己的一片天地。不过，正因为他们专注于勤奋地工作，而丧失了许多展示自己的机会。其实，在现实职场中，不仅要勤奋工作，更需要懂得展现自己，比如汇报工作。

孙女士在一家公司上班，她工作认真，人也很聪明。她一直在业务部工作，做生意通常是靠长年累月积累的良好的客户关系。她在同一个工作岗位上做了好几年了，虽然她的薪水优厚，上司与同事都很喜欢她，但她并没有因此而平步青云。

孙女士工作那么优秀，也很受上司和同事们的喜欢，但是为什么却一直没有平步青云呢？那是因为过于内向，不善于表现自己，特别是不善于向上司汇报工作。孙女士的能力是很强，可能上司也欣赏她，但是上司更欣赏的是敢于向自己邀功的员工。

小万是才到公司的新员工，刚刚大学毕业，正是“初生牛犊不怕虎”的年纪。有一次，在公司例行大会上，董事长表示自己手上有一个重要的企划案，希望在座的哪位拿去策划一下。同事们都面面相觑，你看我，我看你，面有难色，都不敢接这个烫手山芋。

小万刚开始觉得自己是新人，不敢抢同事的功。可是，在等了几分钟，还是没有人去接企划案的时候，性子急的小万坐不住了，腾地站起来说：“我想试试。”董事长看见有人能站起来接这个任务，也露出微笑，但看见是一个才来的新员工，又是个女孩，就显得很不放心：“你能行吗？”这可激起了小万的好胜心：“一定行，给我一周的时间，我会把它做好的。”

于是，在下一周的公司例行大会上。董事长拿着一份企划案，赞许地看着小万：“你是最棒的！希望你继续努力，公司需要你这样的人才。”立即，会场响起阵阵掌声。

正是因为小万大胆地站起来，表达自己的想法，最终用实际行动来证明了自己的能力，而赢得了全公司的认同。如果小万在会场上一直沉默，那么，她就不会得到展示自己能力的机会。正是她大胆说出自己的想法，才让老板对她赞赏有加。如今的社会，人才济济，如果你不把握适时的机会，说出自己真实的想法，展现自己的能力，那么你就会永远地埋没自己。既然你足够优秀，就要勇敢地表现出来，并不是说对方了解你的优秀，就会重视你。要想得到他的重视，就要敢于表现出来，哪怕是向他邀功。邀功并不是骄傲的体现，恰恰是你能力的表现，如果你真的是有功之臣，理应得到的重视。

当然，在日常工作中，我们也需要认真做事，体现自己作为一个工作人的职责与精神。一个教师按照教学大纲的要求备好课上好课，这是一种职责，但如果教师在传道授业解惑的同时还可以顾及到学生的体验，争取用最佳的办法、最好的形式以及最合理的时间把知识传授给学生，那就不仅是简单地完成任务，而是认真做事了。

密钥

对于我们而言，在职场不仅要努力工作，脚踏实地，还需要展示自己优秀的一面。现代社会，“酒香也怕巷子深”。如果你只是埋头工作，不被人记住，那是可悲的。或许，你自以为已经很努力了，但事实上这对于你本人的晋升是远不够的。

认真工作，养成汇报工作的习惯

许多人简单地以为工作就是将领导安排下来的任务完成，事实上汇报也属于工作职责之内。对于领导交代的任务，作为员工要懂得积极地回复，工作进行到哪种程度、有什么样的结果，都应该如实汇报、积极主动汇报。因为只有在接收到员工的信息之后，领导才可能会基于工作最新的信息作出最具效果的决策。

很多时候，领导作为统筹的人，并没有太多的空闲时间来主动询问你工作情况怎么样，很有可能因公事繁忙而忘记这个事情，那么作为员工就应该牢记本分，主动汇报工作。一方面，汇报工作可以使领导详尽地了解工作进展情况；另一方面，还有利于督促自己提高工作的进度。如果不养成主动汇报工作的习惯，或因疏忽遗忘而没做，或者已经做完没有将完成的结果上报，最后再回想这件事可能已经耽误处理的最佳时机，甚至有可能演变为不了了之的结果。

小冷是一位性格比较内向的女孩子，工作能力也是有目共睹的，在公司主挑大梁，做任何事情都是兢兢业业，不过，她一直很不开心。

由于公司只有一个文案和设计师，小冷作为唯一的文案，承担了公司的大部分工作，如编辑、策划、文案等等文字类工作。但事实上，这对于小冷而言，是一个不小的挑战，她只是擅长写文章，对策划和文案一窍不通。领导却总是说："你可以多看看，这个很简单，而且有模板可寻。"小冷是一个不善言辞的女孩，她只能偶尔抱怨着，赶鸭子上架般去接下这些工作。

有时候，在工作中遇到了困难，小冷也是自己闷着，不向老板汇报。在她看来，既然领导认定让自己做，再怎么说困难，领导也会让自己坚持下去，所以说了等于没说。她摸索着做这些完全不同的任务，痛苦煎熬着。每次领导问工作进度怎么样了，小冷总是模糊应答："嗯，快了。"后面领导再问，她也会说："进行得很顺利！"到了最后，她把整个策划案交给领导，说："完成了。"

就这样，在两年的时间里，小冷一直做着不同种类的工作，感觉很憋屈，却不懂如何向领导求助、汇报。

像小冷这样的员工可以说是"职场第一傻"，总是埋头苦干，心甘情愿接下任何工作。当领导询问："有什么困难没？"员工总是回答："嗯，进展得不错。"当领导再问："完成了吗？"员工回答："是的，马上就快完成了。"这样一来，领导会觉得"原来这件事这么简单"，而员工在工作背后所做的工夫却被忽视了。而且，如果工作出现了困难，不向领导汇报，那万一自己解决不了呢？即便是自己最后解决了问题，但在领导看来，"或许工作本身就很简单，所以他一点都没向我请教"。

作为员工，需要养成汇报工作的好习惯。一些员工恰恰是在汇报工作中脱颖而出，从而赢得了领导的肯定与器重。而那些平时不喜欢汇报工作的员工，由于担心领导知道自己一事无成，尽可能将汇报的频率减到最低限度；或是自以为汇报只是形式，根本没什么价值，觉得汇报工作或写书面汇报很麻烦。有的员工则是因为在之前的工作汇报中受到了批评，比如写了很差劲的报告而被指责，所以他再也不想汇报工作了。还有一些员工尽管工作做得非常好，但就是不擅长汇报。其实，不管属于哪一类型的员工，都应该意识到汇报是工作的一部分，并且是至关重要的一部分。

不懂汇报工作，又如何能在职场脱颖而出呢？一般而言，越早学会主动汇报工作，就越能够早一点引起领导的注意，获得提升的机会。在管理界流传着这样的一句名言：下属的汇报永远不能达到领导的期望。通常情况下，做领导的根本不知道员工在做些什么工作，又在为什么而烦恼。所以，在日常生活中，员工要养成经常与领导沟通的习惯，及时向领导汇报工作，一旦工作有什么问题就立即与领导商量对策，如果是书面报告，需要写得详细清楚，千万不要敷衍了事。

1.善于汇报，让领导放心

一个员工如果不主动汇报自己的工作，反而会让领导心中产生这样的疑惑：他好像每天都很忙，不过他到底在忙些什么呢？那么，作为一个员工，需要主动报告自己的工作进度，让领导放心，不能因为小小的错误，发展到不可挽回的结果，造成不可弥补的损失。早一点向领导汇报工作进度，一旦有错，就能及时纠正。

2.善于汇报，容易得到领导的赏识

向领导汇报工作是员工的基本功，每次工作汇报，都可以让领导肯定你的成绩，甚至对你刮目相看。反之，如果不善于汇报工作，领导看不到你的工作成绩，则可能否定你的工作与成果，甚至于你的能力。

密钥

我们可以说，一个成功的人必然是一个善于汇报工作的人。不过，在实际工作中，工作汇报能力是多数人众多能力素质中需要提升的短板之一。作为员工，应该努力养成主动汇报工作的习惯。

主动汇报，别等着领导问你

汇报工作可以分为主动汇报和被动汇报，简单地说，主动汇报就是下属主动向领导汇报工作的进展情况，被动汇报工作就是领导询问起来的时候，下属所做的汇报行为。这两种不同的汇报方式，将决定着其不同的结果。通常对于领导而言，他们都乐意听取工作汇报，但是许多年轻人将向领导汇报工作看作是一件可有可无的事情，甚至觉得如果自己主动向领导汇报工作有溜须拍马、阿谀奉承之嫌。他们天真地以为，只要自己出色、圆满地完成了任务，就万事大吉了。一旦领导看到自己的工作能力，自然就会做出公正的判断。但事实上最终的结果是，这些有着天真想法的下属并没有得到应有的重视。

一般而言，领导所部署的工作是极其繁杂的，所完成的时间也有所差异。有的可能只是复印的工作，这样的工作时间算是比较短的；有的则是写调查报道，估计得一个月才能完成。工作时间的跨度不一样，下属的做法就应该不一样。对于那些较长时间才能完成的工作，则需要时不时地向领导积极汇报工作进度，让领导及时地了解自己的工作情况。但遗憾的是，大部分的下属都缺少这种习惯，或者说，他们内心有这样的想法，但无法养成一种习惯。

实际上，如果下属不主动汇报自己的工作，这会让领导产生疑问：下属每天都在忙，到底在忙些什么呢？因此，作为下属，一定养成主动汇报工作的习惯，这会让领导更放心，不要滞留小小的错误，以至于到最后酿成大错。如果你能及时地、主动地向领导汇报工作，一旦出现了问题，那他就可以及时地纠正你。

小辉是一个工作能力比较强的人，他来公司已经一两年了，虽说为公司做出了不少成绩，但一直得不到领导的重用。小辉百思不得其解，同事中那些不如自己的人，每个都混得了一官半职，就只有自己还在原地踏步。

这天小辉在公司值班，他们公司是生产玻璃瓶子的，要求平时工作细心，容不得半点差错。因此，小辉几乎是不敢眯眼的，两只眼睛看着机器的运转，希望每个环节都不要出事。可就在小辉巡视车间的时候，发现本来均匀的原材料竟然冒出了气泡，这可是不合格的。怎么办呢？小辉看了看时间，已经是晚上九点了，这么晚了，估计领导都休息了，自己先看着，明天再汇报吧。结果小辉一晚上没合眼，幸亏那气泡不是很严重，只出了十几个次品，小辉也没打算向领导汇报这个情况了。

可不知道领导在哪里知道了这个情况，赶紧让小辉去了办公室，大发雷霆。领导拍着桌子，说："你为什么不主动向我汇报产品的情况？你知不知道像昨晚那种情况，很可能酿成大错。小辉，你不是一直很想知道自己为什么不被重用吗？其实原因很简单，因为你从来没向我主动汇报过工作，我不知道你一天在忙什么，忙出一些什么成绩，如果你不与我进行交流，我怎么了解你工作的相关情况呢？又怎么会重用你呢？"

案例中，由于小辉从来不主动向领导汇报工作，结果让领导失去了对他的信任。即便他很有工作能力，但若不及时与领导沟通，再大的本事也是枉然。作为下属，主动及时地向领导汇报工作，不仅仅让领导对你很放心，还会让你与领导之间建立良好的互信关系，让领导可以主动地对你的工作予以指导，从而帮助你更为顺利地完成工作。

有的下属不愿意主动向领导汇报工作，其实是没有摆正好心态。他们对领导存有畏惧心理，特别担心在工作中出现纰漏或错误，唯恐领导责备，害怕向领导说到工作的情况；还有就是迫于周围同事的压力，他们认为多向领导汇报工作就会被同事误认为这是在打小报告，这样一些心态最终影响了他们汇报工作的态度。

汇报工作很重要，不过，在汇报工作时也应该注意一些技巧：

1.注意汇报工作的顺序

通常情况下，汇报工作的顺序是先顺后难。领导作为听者，他并不乐意一开始就听到一大堆的困难和麻烦。所以员工在汇报工作时，尤其是综合性汇报，比如月度工作汇报，应该先汇报已经完成的工作，再提出存在的困难工作，而且最好谈论一下自己的解决思路和建议。

2.注意重点和思路

员工在汇报工作还应该注重重点和思路，宜条理分明。应提前做好资料的收集和准备工作，力求在汇报时条理清楚。尤其对于领导部署的重点工作，即使没有完成，也最好说明阶段性的进展情况。

密钥

下属应该清楚，主动汇报工作本身就是一种工作，你越是能及时主动地汇报，领导就越早放心。再说，身正不怕影子斜，只要真的是在汇报工作，管其他同事说什么，做好自己的工作就行了。

精于言辞，秀出自己的才能

职场的氛围并不是每时每刻都是轻松愉快的，当空气沉闷、环境压抑的时候，如能适时地调节气氛，秀出你的口才，会有很多人聆听你的话语，这无疑有利于工作的顺利进行。沉默、木讷的人不会赢得人们的喜欢，妙语连珠的人不仅能引起众人的好感，而且会让领导刮目相看。

不是所有的人都能言善辩，精于言辞。有的人天性胆小，沉默寡言，不敢高声说话，更害怕喧嚣吵闹，遇到事情能躲则躲，从来不敢迎刃而上。这样的人，在职场中很少引起人们的注意，除非逼不得已，人们才与他聊上几句。在人们看来，这种人似乎很乏味，很单调，只适于做一些简单固定的事情。公司的重大决策和活动，他们很少出现，即使出现，也会被遗忘在角落。职场中的他们常常偏于一隅，默默地做着自己的工作。即使受到委屈，也不知道怎么向人倾吐，也从不敢抱怨，心中的苦闷无处发泄，烦恼就会滋生。其实，口才并不是天生的，需要经常锻炼。一个沉默寡言的人，努力学习职场语言，能够运用得恰到好处，同样能够善得人缘。

在职场中，口才好的人注重谈话艺术，措辞严谨、伶牙俐齿，说起话来滴水不漏，不给对方留有反驳的余地，这往往会使其占据上风。领导对于这样的人欣赏有加，常会对其委以重任。这样的人也不会辜负领导的期望，他会凭着自己的优势完成领导交给的任务。职场中，我们经常可以看到这样的人，会被其高超的谈话技巧吸引和征服。

小孙是众人羡慕的白领，薪资很高。在公司工作了一段时间后，她就发现，公司的运营方式虽然十分先进，但是环境非常沉闷，每天大家都在埋头做自己的工作，似乎都存在着戒备心理，谈起话来距离很远，让人感觉不到一点温暖。这让原本快乐的小孙感到非常压抑。

这还是其次，最近，小孙的工作负担越来越重，许多工作都是老员工强加给她做的。繁重的工作使得小孙感觉特别劳累，她决心不再保持沉默。当一个老员工又给她摊派任务时，小孙直接地指出，那不是自己的分内事。那位老员工也许没有想到小孙敢出口拒绝，神情很尴尬。此后，再也没有人敢给她增加工作量了，负担减轻了，小孙的心情也变得轻松了。其他人看着小孙敢说话，感觉她很直率，开始乐于和她交往。原本性格开朗的小孙给大家带来了很多欢乐。她诙谐有趣的话语活跃了公司的气氛，这很快吸引了领导的目光。

能够为大家带来快乐，小孙的心里非常高兴。她还提议公司组织活动增强团体的凝聚力，这得到了领导的支持。在活动中，小孙非凡的组织能力和口才再一次让领导刮目相看。不久，公司要洽谈合作项目，领导委派小孙出席会议。小孙从没有想到自己能有这样的良机，这也是展现自己才华的好机会。合作项目推介会上，小孙刚柔并济，出色的口才说服多家商家和个人合作加盟，公司签订了多项合作项目，小孙的职位也因此得到了提升。

秀出你的口才并在适当的时机展现出来，能受到众人的喜爱、领导的重用，自己的聪明才智也能发挥出来。正如事例中的小孙那样，在别人强加给自己额外的工作，自己不堪重负的时候，能够大胆地拒绝、反驳；在冷淡的氛围不利于工作时，能够调节气氛，使周围的人愉快和谐地相处；在公司需要发展时，能够拓展合作项目，为公司带来效益。这靠的就是口才。必要的时候，口才就是提升自己的强大动力。

密钥

不要因为自己的胆小卑怯而后退，也不要因为自己的口舌笨拙而感伤。抓住良机，秀出你的口才，击中要害、字字珠玑、句句似玉，使对方的强硬化作软弱，促成自己的成功。在职场中能够舞出自己的风采，散发人的魅力，受到领导的重用。

第12章 驾驭下属，恩威并施御人心

著名领导力大师沃伦·本尼斯曾说："领导者与常人的区别在于，领导者能够把握说话的技巧，清楚明白地表达人类共同的梦想。"口才是领导能力的重要组成部分，驾驭下属要恩威并施御人心。

肯定下属的业绩，令其备受关注

在日常工作中，相信大多数的上司都是追求完美的人，总希望布置给下属的工作能够被及时、有效地完成。事实上，追求完美的人对凡事都要求很高，可以说，这也成为了领导的一个缺点，你的苛刻使得下属感受不到你的肯定与激励，他们所感受到的只有失望。作为领导者，当下属的工作已经做得很好的时候，需要快速加以肯定，及时说出下属的业绩表现。在这个过程中，你肯定了自己的下属，也就相当于肯定了自己。一说到如何激励下属，不少领导者就抱怨："我一没有给下属提升晋升的职权，二没有给下属加薪发赏的钱，你让我怎么激励下属？光要嘴皮子怎么行？"但实际上，一些有作为的企业家和领导者在实际中总结出的不少行之有效的低成本甚至零成本的激励方法，其中之一就是迅速说出你下属的业绩表现，令下属感受到你的关注。

英国女演员和诗人乔吉特·勒布朗说："人类所有的仁慈、善良、魅力和尽善尽美只属于那些懂得鉴赏它们的人。"任何一个下属都希望得到别人的肯定，尤其是上级的认可。美国著名的企业管理顾问史密斯指出：

“一个员工再不显眼的表现，若能得到领导的认可，都能对他产生激励的作用。”

在现实工作中，许多员工竭尽全力地把工作做得很出色，却从未得到过认可，哪怕是一声“谢谢”，这是因为绝大多数领导者想当然地认为将事情做得出色是下属应该完成的工作。事实证明，领导者如此的“忽视”会让下属感觉很受伤，作为领导者，在下属工作出色的时候，应该迅速说出下属的业绩表现，令下属感受到你的关注。

在这次工作中，小王出色地完成了任务，他兴高采烈地对主管说：“我有一个好消息，我跟了两个月的那个客户今天终于同意购买了，而且订单金额会比我们预期的多25%，这将是我们这个季度价值最大的订单。”但是，这位主管却对小王的优秀业绩反应很冷淡，他毫不在意地说：“是吗？你今天上班怎么迟到了？”小王说：“路上塞车。”这时，主管严厉地说：“迟到还找理由，都像你这样，公司的业务还怎么做！”小王垂头丧气地回答：“那我今后注意。”于是，原本高兴的小王一脸沮丧地离开了主管的办公室。

我们可以从这个案例中看出，当小王寻求主管激励的时候，主管不仅没有任何表扬，反而只因小王偶尔迟到之事就主观、武断地严加训斥本该受到表扬的职工。当然，最后的结果是小王的积极性受到了很大的打击，希望获得肯定和认可的心理需求没有得到满足。

其实，在现实工作中，领导对下属的激励并非是一件难事，对下属进行话语的认可，或者传递鼓励的表情都可以满足下属希望被重视、被认可的需求，从而达到激励的效果。

杰克·韦奇说：“我的经营理论是要让每个人都能感觉到自己的贡献，这种贡献看得见，摸得着，还能数得清。”当下属完成了某项工作的时候，他们最需要的是来自领导对自己工作的肯定。可以这样说，领导的认可就是对其工作成绩的最大肯定。

保罗·莫任担任了多年的职业管理者，他也曾一度认为下属将事情做得出色是其应该完成的工作。他这样解释说："过去，我常常忽视对下属的成绩给予肯定，因为我个人对于这方面从来没重视过，因此，我就往往忘记了对别人的成就给予表扬。相反，我认为他们所取得的成就只不过是他们规定工作中的一部分，而规定的工作是不需要特别认可的。"

后来，莫任到了太平洋贝尔公司工作，他对于给予下属认可并及时对成功给予表扬的重要性有了新的认识。他发现，事实上，这对于下属来说是很重要的，因此他决定改变自己的领导习惯。为了提醒自己公开认可的重要性，他特别编制了一张认可他人的优先性列表。每当自己的团队取得一个关键的成就的时候，他都会亲自走到项目组的每个人面前，和对方握手。偶尔，他还会挑选出几个重要的团队成员，带他们出去吃饭，会亲自打电话给每一个团队成员，感谢他们在项目中付出的努力。另外，他还常邀请大家共同参加一个小型的办公室聚会，一起享用蛋糕和咖啡。

在进行了如此多的肯定下属业绩、激励下属的措施之后，在短暂时间里，莫任就看到生产率上升了，缺勤率降低了，同事之间正在形成更紧密的人际纽带。与此同时，与他一起工作的员工有了更大的主动性，他自己的工作也变得简单起来。互相合作的工作氛围带来了更好的沟通，这样一来，下属之间的冲突减少了。

当然，快速说出下属的业绩是给予下属的一种赞誉和褒扬，也是一种相处艺术。这样有利于下属扬长避短，也能有效地调动下属工作的积极性和创造性。

1.细微处认可下属的业绩

企业顾问史密斯指出，每位下属再小的业绩如果能得到领导的认可，就有可能对下属产生激励的作用。对领导者来说，认可下属的业绩，是件非常简单的事情，比如拍拍下属的肩膀、写张简短的感谢纸条，这些非正式的小小认可，甚至比公司一年一度召开的盛大的模范表彰大会效果会更好。

2.适当赞美

在日常工作中，大多数领导者都吝于称赞下属做得如何，其实，在上下级相处过程中，适当的赞美是必须的技巧。其实，赞美下属并不复杂，这是一个无关时间与地点的问题。作为一个领导者，可以随时随地地赞美下属，以此让下属感觉到受重视。

密钥

领导对下属工作业绩的认可是一个秘密武器，但认可的时效性最为关键。如果用得太多，价值将会减少，如果只是在某些特别场合和下属稍有的成就时使用，价值就会增加。相应地，领导者可以发一封邮件给下属，或者是打一个私人电话祝贺下属取得的成绩，或者是在公众面前跟他握手并表达对他的赏识。

拿到激励那把钥匙，让下属跑起来

每个人都渴望被鼓励与赞扬，哪怕只是一句简单的赞语，都会给人带来无比的温馨和振奋。某企业家说：“人都是活在掌声中的，当部属被上司肯定、受到奖赏的时候，他才会更加卖力地工作。”换句话说，巧妙的鼓励与赞扬，可以激发出下属无限的潜能。鼓励与赞美合乎人性的领导法则，得体的赞扬，会使人感到开心、快乐，这时候，下属会发出这样的心声：“我就知道他是真挚地关心我，尊重我，并且熟悉我的工作内容。”同时，领导者会得到意想不到的回报，因为当人们感到自己受到肯定和重视的时候，他们会以感恩之心表现得愈来愈出色、愈来愈精彩。

工作成绩被肯定，是下属最期望得到的，当他们得到赞扬和鼓励之后，会本能地焕发出更多的光和热，而作为领导者，为什么不学会慷慨一些呢？尝试着去寻找下属身上值得自己赞扬和肯定的东西，鼓励对方并真诚地告诉他。领导最基本也最关键的工作是管理，而管理的本质是激励，而这恰恰需要赞扬和鼓励。激励既是行为的钥匙，又是行为的按钮，按动什么样的键钮，就会产生什么样的行为。领导要想下属能够跑起来，就需要激发出他们的全部潜能，拿到激励那把钥匙。海尔企业的用才理念是“人才是激励出来的”，而海尔企业也认为激励是提高员工素质最有效的手段。

美国南北战争开始时，北方联军连吃败仗。后来林肯大胆启用了一位将军——格兰特。他出身平民，衣着不整，言语粗俗，行为莽撞，有人还说他是个酒鬼。林肯心里明白，所有关于他的传言都是夸大之辞……后来，竟然有人要求林肯撤掉格兰特的军职，理由是说他喝酒太多。林肯则不以为然，他赞扬格兰特说：“格兰特总是打胜仗，要是我知道他喝的是哪种酒，我一定要把那种酒送给别的将军喝。”格兰特没有辜负林肯的信任，为结束南北战争立下了赫赫战功，证明自己的确是一位能力卓越的将军。后来，他成为美国第十八任总统。

在这里，林肯适当的赞扬加鼓励，激发出了格兰特将军潜在的热情，形成了良性的连锁反应。而且，这是一种愉快的潜隐刺激伴随说服性交流信息而产生的巨大作用。最终，格兰特将军焕发出积极的热情，为结束南北战争立下了赫赫战功，他成为了林肯所说的“总是打胜仗的将军”。

美国历史上第一个年薪过百万的管理人员叫史考伯，他是美国钢铁公司总经理。记者曾问他：“你的老板为什么愿意一年付你超过百万的薪金，你到底有什么本事？”史考伯回答：“我对钢铁懂得并不多，我的最大本事是我能将员工鼓舞起来。而鼓舞员工的最好方法，就是表现真诚的赞赏和鼓励。”把话说白了，就是史考伯年薪过百万是因为他善于赞美他人。每一个人都渴望自己受到别人的赞美，希望自己的价值得到认可，这主要是源于其自尊心和虚荣心。

有一个女孩，五岁就开始登台演唱。她有着优美的歌声，她的天分从一开始就显现无疑。长大后，她的家人请了一个很有名的声乐老师来训练她。不论何时，只要这女孩一想到放弃或节奏稍微不对，老师都会很细心地指正。后来，她的老师离开了，她那优美的歌声发生了变化，声带拉紧、硬绷绷的，不再像以前那样动听。最后，几乎没有人邀请她了。后来，有一位男孩追求她。每当她哼着小调，或一个乐曲旋律时，那位男孩都会惊叹歌声的美妙："再唱一首，亲爱的，你有全世界最美的歌喉。"她开始重新焕发对音乐的热情，她又开始前往世界各地演唱。

男孩总是这样说，事实上，他并不知道她唱得好不好，但是他确实非常喜欢她的歌声。如此的赞扬与鼓励，使得小女孩潜在的能力爆发出来，我们可以预见，她今后肯定会成为一名出色的歌唱家，而这一切都是赞扬与鼓励所致。

赞扬与鼓励，不仅满足了下属的心理需求，而且还能够增强下属的自信心，激发出下属的无限潜能，促使下属不断地取得进步。

密钥

生活中是不能缺少赞扬之词的，有了赞美才有了愉悦的心情，才能与他人建立和谐友好的人际关系。作为领导者，不仅要学会赞扬，更要不吝于赞扬。每位下属都有他的闪光点，当我们发现了下属的优点的时候，就要大方开口赞扬他。

批评显善意，让下属心怀感激

对于每一个领导来说，批评是一种必要的强化手段，批评与表扬是相辅相成的。批评也要讲艺术性，批评本身是一种指责，如果运用不当，下属就只会记住你的批评而不是自己的错误。作为一个领导，你应该尽量减少批评带来的副作用，尽可能地削弱下级对批评的抵触情绪，来达到比较理想的批评效果。但在某些领导看来，批评就是全盘否定，只看到别人的缺点，忽视其优点。

史金纳教授提出了自己教学的基本观点“用激励代替批评”。他是伟大的心理学家，他用动物和人的实验来证明：当减少批评，多多激励对方的时候，他所做的好事就会增加，而那些比较不好的事情就会因为受忽视而逐渐萎缩。激励富有一种强大的力量，它可以让人重新改变自我，发愤图强，把自己的所有精力投入到工作的热情之中。所以，领导在面对下级出现的一些小问题、小错误的时候，批评下属要尽显善意，少一些批评，多一些激励，这样才能够让他全身心地投入到工作，而他身上的那些小问题、小缺点就会因为你的忽视而逐渐消失不见。

很多年以前，一个十岁的小男孩在一个工厂里做工。他从小就喜欢唱歌，并且梦想着当一个世界闻名的歌星。当他遇到他的第一位老师的时候，他满是自豪地把自己的梦想告诉老师。可是老师非但没有给他鼓励，反而使他泄气，老师表示怀疑地说：“你根本不适合唱歌，你五音不全，唱歌的时候简直就像是风在吹百叶窗一样。”

他很伤心地回到家里，但是他的母亲，一位穷苦的农妇却不以为然，她亲切地搂着自己的孩子，激励他说：“孩子，你能唱歌，你一定能把歌唱好。瞧，你现在已经有了很大的进步。”于是，母亲节省下每一分钱，送她的儿子上音乐课。正是这位母亲的嘉许，给了孩子无穷的力量，也从此改变了他的一生。他的名字就叫恩瑞哥·卡罗素，他成为了那个时代最伟大、最著名的歌剧演唱家。

母亲的激励与老师的批评形成了鲜明的对比，显然，母亲的激励是善意的，而老师的批评虽然说不上恶意，但确实刺伤了小男孩幼小的自尊心。试想，如果这位小男孩没有得到来自母亲的激励与赞许，只是沉浸在那位老师无情打击的痛苦中，那么，这个世界也许就失去了一位著名的歌剧家。

在工作中，领导应适当表露自己的善意，对下级少一分指责、多一些嘉许，不仅让事情做起来得心应手，也会给予对方愉悦的心情，何乐而不为呢？领导不应该怀着私心，或自己对某些事物不感兴趣，就对他人的行为采取贬低或者批评的态度。少一些批评，多一些激励，也许就是你那一句微不足道的激励，给了那些需要动力的人以无穷的力量，给了那些身处逆境的下属奋勇向前的信心。

李先生是一位成功人士，他在回忆自己的成长经历时提到以前的一位老师，很有感慨地说如果没有老师当年讲的话，可能就没有自己的今天。

李先生说，自己从小调皮捣蛋，整天打架，无心学习，劣习成性，没有哪个老师能把他驯服。后来有位年轻的女老师当了他的班主任，在一次他把邻班同学的头打破以后，老师找他到办公室，温和地对他说："我一直认为你是个聪明的学生，你看你这次考试又有进步了，老师希望你能够继续努力学习，把自己的聪明劲用到学习上来……"

他说老师的话对年少的他触动很大，他没想到老师会真诚地夸奖他，认为他很聪明。于是，他决心改掉所有的劣习，好好学习。最后，他终于成功了。

一样的批评，有的人说得却更动听，更能打动人心。如果没有那位女老师激励的话语，也许李先生就不会拥有如此成功的人生。批评本身是具有伤害性的，而卓越的领导，则会把批评的伤害性降低到最低限度。这样一来，下属即使在遭受领导的批评之后，都只会对其充满感激，而非抱怨。

1.以激励代替批评

世界上拥有巨大成就的伟人，或多或少都是因为来自身边的人一句激励的话语，才会取得举世瞩目的成绩。如果爱迪生母亲没有对儿子孵鸡蛋的行为表示肯定与赞许，也许爱迪生就没有今天的辉煌成就；英国作家韦斯特若没有得到老校长的激励，可能就没有今日无数本伟大的著作，英国文学史上就缺少了不朽的一页。在生活中，给对方多一些激励的话语，少一些批评的话语，才能激发他的内在潜能，使其更好地为工作效力。

2.启发式批评

批评的目的就在于下属能够认识自己所犯的错误，并且能够及时改正。而要想使下属从根本、从内心认识到自己的错误，就需要你从深处挖掘错误的原因。晓之以理，动之以情。你要用一些容易理解的话语慢慢启发他，循循善诱，帮助下属认识并且改正错误。

3.警告式批评

如果你的下级所犯的并不是原则性的错误，或者没有直接犯错，作为领导，你就没有必要“真枪实弹”地对他进行严厉地批评。你可以用比较温和的话语，只是巧妙地点明问题所在；或者用某些事物进行对比、影射，只要点到为止，对他起到一个警告的作用就可以了。

密钥

其实，从批评所达到的目的来说，我们可以把批评当作是“提醒”“激励”，而不是去否定一个人。尤其是对于领导来说，自己对下属的批评要尽显善意，在坚持原则性的基础上教育几句就行了，千万不要言辞刻薄，恶语相向。如此，下属才能接受你的批评，而且他们还会对你充满莫大的感激。

鞭辟入里，论述问题一语中的

语言是一门艺术，这是众所周知的。但作为领导干部，要真正掌握这门艺术，使自己的讲话更有针对性，增强吸引力、号召力，只顾毫无力度的说教语言是无法达到这一效果的。毕竟领导讲话的最终目的，就是要讲出征服人心的道理，要做到正言昭人、以理服人，必须在内容上有深度，摆出的事实雄辩有力，阐述的道理无懈可击，能够引人入胜、催人奋进、让人警醒。

普京蝉联俄罗斯总统后，举世注目。他当选后在想什么，又将如何开始自己的工作？普京当选后向全国公民的致词及答记者问，满足了人们的心理需要。以下是2004年3月16日普京当选后向全国公民致词节选：

首先，我非常乐意回答在座记者的提问，同时我也想向我国公民致词。我想感谢今天所有来到俄罗斯总统选举投票站并投票的人！

我想感谢所有投在任总统——你们忠诚公仆票的人，感谢投其他候选人票的人……

第二，我想感谢所有在大选中支持我的人，以及虽因某种原因没有参加大选但对我抱有好感的人。现在可以说，结果是令人满意的。我非常感谢你们，因为这是最重要的支持与自信手段。

毫无疑问，我们将珍惜经济和社会的稳定，这也是近段时间我们多次说过的。我想强调的是，稳定并不是目的，这只是解决主要任务——保证我国人民福利增长的条件。

我们可以发现，普京的一番话可以说是直击人们的心理要害——“我向你们保证，我国人民所有的民主成果将得到保障。而且我们不会停留在已有的成果，我们将巩固多党制……”也给人们吃了一颗定心丸。

可见，领导干部讲话，必须要做到鞭辟入里，能一语击中关键要害。若是讲话毫无深度，那么即使再华丽的语言、再宏大的主题，也只会空洞无物、让人生厌。

那么，领导干部讲话，怎样才能做到击中要害呢？

1.有备而言，选择词句表达自己的思想

许多演讲大师在讲演之前，都会做足准备，尤其是语言组织上的准备，以使自己在表达上更准确、生动、有力度。因此，领导者在讲话前，也应该对自己将要讲的内容预先梳理一番。这样做的好处在于，能对讲话可能引起的反应有所预测，则不会出现临场心慌、不知所措、语无伦次的尴尬场面。

2.准确而流畅的言词表达

领导者讲话，一是可以多引经据典。引用得好，常有画龙点睛之功效，产生锦上添花之奇效 。二是要精于修饰词句。领导讲话虽不像文学作品那样过分追求用词、用字的华丽，但至少要让人看起来有赏心悦目之感，读起来有朗朗上口之意。

3.讲话时思维要连贯，不要经常转换话题

领导者讲话，多半都是有一个鲜明的主题的，这也是讲话的目的。因此，如果没有客观的需要，最好不要经常转换话题。讲话的主题不明确，领导者将很难保持思维的连贯性和表达的准确性，而听的人则更不知要接受什么信息，要如何理解并记住讲话内容，这样的沟通将是完全无效的。

比如，一位妈妈在出差前对孩子说："这几天妈妈出差，你要照顾好自己，我把这几天的饭菜都准备好了，都在冰箱里，吃的时候一定要热一热。天气不好，如果下雨，别忘了关窗户。自己在家好好玩，别淘气，看好家门。热饭菜要放点水，别烧糊了。关窗户要小心，别夹着手指。记住，不要出去乱跑。还有饭菜一定要热着吃噢。"

本来很简单的三件事：热饭菜、关窗户、要呆在家里玩，被她这样反反复复地说了一通，孩子反倒不明白自己要做什么了。因为人的大脑思维是有一定连贯性的，一件事情重点强调，就会记得深；如果不停地转换主题，大脑因不停地更新内容，就来不及记忆了。

密钥

总之，因为领导的讲话极具权威性、指导性和针对性，追求的是一言九鼎的效果和一针见血的说服力。这要求领导说话时，既要有高度，又要有深度！

第13章　笼络客户，用口才攻克心坎

如今越来越多的人开始意识到，只有打动了客户的心，才能使得顾客盈门。那么，如何才能打动顾客心呢？我们在与客户沟通过程中，最常用的就是语言交流，笼络客户，用口才攻克心坎。

以礼待人，展现热情服务

礼貌是尊重的前提，它体现在最真实的内心，也体现在一个人的言行里，当语言里透露出敬意的时候，顾客一定会感受到被尊重的愉悦。在现代社会，互相尊重成为人与人之间相处的一种普遍形式，处处以礼待人，提升自我素养，才能打动顾客的心，赢得顾客的信赖。在与顾客沟通的过程中，我们经常使用的就是语言，语言本是思想的衣裳，它可以直接表现出一个人的高雅或粗俗。语言交流就是一种心灵沟通，要想与顾客沟通畅通无阻，我们就应该得体地运用敬语与谦词，这样会让顾客感到“良言一句三冬暖”，而彼此之间也就会很快地融洽起来。

在飞机快要起飞的时候，一位乘客请求乘务员小王给他倒一杯水吃药，小王很有礼貌地说：“先生，为了您的安全，请稍等片刻，等飞机进入平稳飞行状态后，我会立即给您把水送过来，好吗？”一刻钟过去了，飞机早就进入了平稳状态飞行，突然，乘客服务铃响了起来，小王一摸脑门：糟糕，由于太忙，自己忘记给那位乘客倒水了。小王急忙来到了客舱，果然，按服务铃的就是刚才那位先生。小王小心翼翼地将水送到那位乘客面前，面带微笑着说："先生，实在对不起，由于我的疏忽，延误您吃药的时间，我感到非常抱歉。"那位先生抬起了左手，指着手表说："怎么回事，有你这样服务的吗？"小王心里感到很委屈，但是无论自己怎么解释，这位先生就是不肯原谅她的疏忽。

在飞行途中，为了补偿自己的过失，小王每次去客舱服务的时候，总会特意地走到那位先生面前，面带微笑地寻问是否有需要的东西，或需要别的什么服务。不过，那位先生依然面带怒色，根本不理会她。快到目的地的时候，那位先生要求小王将留言本给他送去，显然，他想投诉小王，小王感到很委屈，但是依然面带微笑地说："先生，请允许我再次向您表示真诚的歉意，无论你提出什么样的意见，我都欣然接受您的批评。"那位先生脸色一变，但没有说什么，而是接过留言本写了起来。小王认为自己肯定完了，可是当她回到机舱后打开留言本，却发现那位先生所写的根本不是什么投诉，而是表扬。

面对乘客的挑剔，小王虽心中有委屈，但仍然不失职业道德，在与乘客沟通的整个过程中，显得很有礼貌，这使得那位挑剔的乘客将投诉信改为了表扬信。在这个案例中，小王以自己的职业素养打动了乘客的心，并赢得了乘客的赞扬。

那么，在与顾客的沟通中，我们该如何体现自己的素养呢？

1.学会对每一位顾客微笑

俗话说："顾客就是上帝。"因此，不要带任何情绪来面对顾客，哪怕你正在生气，哪怕你感到委屈，哪怕在私底下他是你的仇人，我们都要对每一位顾客崭露笑颜，这是最基本的素养。通常情况下，当顾客兴高采烈地走进店里，却遭遇我们一张冷脸，顾客顿时什么购物的心情都没有了。在留给顾客不好印象的同时，我们自己也失去了一个客户。

2.柜台语言学

顾客上门，我们应该主动打招呼，多问不烦、多拿不厌。如果有的顾客有急事想先买，我们可以对先到的顾客说："这位先生有急事，可以先卖给他吗？"如果有的顾客拍打着柜台吵吵嚷嚷，我们也要和颜悦色地说："请稍等一下，我接待完这位顾客就来。"对等待了很长时间的顾客说："让您久等了，对不起！"买卖成交，目送顾客，说："欢迎您再来""请您慢点走""再见"等等。如此文明的语言，热情的服务，定会打动每一个顾客的心。

密钥

因此，在与顾客交流的时候，我们很有必要加入"您好""谢谢""请""对不起""别客气""再见""请多关照"等这样一些敬语和谦词。当然，在与顾客的沟通过程中，不仅需要得体的语言，也需要友好的笑容，适当的肢体语言，这样才能真正地做到以礼待人，也才能打动顾客的心。

销售回馈，提供优质的售后服务

日常工作中，我们经常会提到"售后服务"这一词汇，何谓售后服务呢？售后服务，就是在商品出售以后对顾客所提供的各种服务活动。当然，对于我们工作来说，售后服务本身其实就是一种促销手段。现代社会，市场竞争异常激烈，随着消费者维权意识的提高和消费观念的变化，顾客在选购产品的时候，不仅注意到商品本身的价值，在同类商品的质量和性能相似的情况下，他们更加注重商品的售后服务。

通常情况下，售后服务主要包括这样一些内容：代为顾客安装、调试产品；根据顾客的要求，进行有关使用等方面的技术指导；保证维修零配件的供应；负责维修服务；对商品实行"三包"，即包修、包换、包退；处理顾客来信来访，解答顾客的疑问。虽然，这些服务内容显得比较零碎、杂乱，但这确实是打动顾客的有效途径之一。现在，越来越多的顾客看重售后服务这一块，如果你能为顾客提供使之感动的售后服务，那么你就一定能真正地走进顾客的心里。

有一天，一位顾客来到家电商场打听装卸电视挂架需要多少钱。原来，这位顾客在一年前买了一台32寸的TCL电视，现在房子卖了需要把电视挂架卸下来，再安装到新家。而他只等着挂架卸下来之后，就可以将钥匙交给买主了。为此，这位顾客十分着急。

他正在跟身边的人闲聊的时候，被前来办事的售后人员小军听到了，小军主动说："不用花钱，我去给一位顾客安装电视回来之后，就去给你卸下来。"于是，小军要了顾客的电话号码，等忙完了工作后，利用自己的休息时间，第一时间上门给顾客卸下了挂架，又帮忙给他安装到新家。如此贴心的服务令顾客十分感动，他对小军说："小伙子，多少钱你说了算，我们一起吃了饭再走吧，你可是帮了我的大忙啊。"小军只是笑着说："这只是我力所能及的事情，以后电视出了什么问题，尽管打电话给我，我随叫随到。"说着，婉言谢绝了顾客的钱和宴请。

后来，小军在商场碰到这位顾客，原来，他是介绍其他亲朋好友购买电视来了。

每当我们帮了顾客的忙，顾客就会感觉到自己应该替我们做点什么，这样一个过程拉近了我们与顾客之间的关系，就有了做下一次生意的可能。而且，由于对我们产品的认可，顾客会介绍一些人来购买产品。事实证明，顾客介绍的潜在顾客比全新的顾客更有利，因为它的成功率是全新顾客的15倍。对于一个优秀的销售人员来说，我们应该给顾客最优质的售后服务，打动对方的心，赢得他的好感，这样我们不仅能培养老顾客，还能不断地开发新的客户。

那么，我们在进行售后服务的时候，应该注意哪些问题呢？

1.向顾客致谢

我们可以告诉顾客，什么地方旅游不错，可以提供给顾客；最近有好电影看，如果自己有票，会在什么时候给他快递过去等等。通过许多小事让顾客觉得，你时时刻刻在关心着他，他一定会被打动。与此同时，你也会收到许多的回馈。所以，当我们外出旅游的时候，别忘了带一些小礼品给自己的顾客，这样可以增加我们与顾客之间的信赖度。

2.耐心倾听

顾客在购买商品的时候，都会有不满意的地方，因此他们常常会打电话给我们抱怨。其实，无论顾客是打电话还是当面跟我们说，我们需要记住，不要争辩，而是耐心地倾听，再适时表达自己的观点。

3.适时认错

在与顾客沟通的时候，请记住：不要和你的顾客发脾气。我们要学会控制情绪，如果顾客生气了，我们一定要耐心接受批评，不要做过多的辩解，因为尊重顾客是一个称职的工作人员所必备的素质。哪怕你明知道是顾客误会了你，也要懂得适时认错，等到顾客的怒气消了，那顾客的不满也就消失了。

密钥

优质的售后服务会令顾客感动，同时，他会认可你所销售的产品，认可你这个人。因此，我们在向顾客销售商品的同时，有必要向顾客提供完善的售后服务，打动顾客的心，以此增加与顾客的亲密度，达到提高自己销售业绩的目的。

诚信经营，成功打动顾客的心

胡雪岩在商训中写道：“地为后天修为。古人云：‘天生我才，必有一用。’有用者，必守信也。言必行，行必果。行乃人立身行事之本也。信者永存。为人之道，守信为最，信念不移，大事可成；无信念或信念不坚持者，事终不成，经商亦然。古来无信念而成巨贾者，鲜矣。”一代商贾胡雪岩明白，诚信永远是打动顾客的最佳手段，因为诚信就是最好的招牌。直到今天，诚信仍然是商家不可忽视的一个问题，尤其是我们在对待顾客的时候，更需要以诚信为本。如果一个人没有了诚信，那么这个人就不会得到顾客的信任，他也无法在社会上立足。

卡耐基说：“当我们为大众谋利益的时候，我们的财源就滚滚而来。”诚信不以形显，而以质昭，它是一种根植于顾客内心的信任感。在顾客面前建立诚信，需要我们从点滴做起，毕竟，一滴水可以折射太阳的光芒。对待顾客需诚信，不坑蒙拐骗，不耍诈，如此才能真正地打动顾客。

有一天，一位顾客走进了一家汽车维修店，他自称是某运输公司的汽车司机。打量了店面之后，他对店主说：“在我的账单上多写点零件，我回公司报销后，有你一份好处。”不料，店主拒绝了这样的要求，那位顾客见状，继续纠缠说：“我的生意不算小，以后会常来的，你肯定能赚很多钱！”店主告诉他：“你这是欺骗，我无论如何都不会做的。”顾客气急败坏地嚷道：“谁都会这么干，我看你是太傻了，放着这么好的生意不做。”店主生气了，对顾客说道：“你还是离开吧，不要在我这里浪费时间了，你还是到别处去谈这种生意吧。”

出人意料的是，那位顾客并不生气，反而笑着握住了店主的手，说：“我就是那家运输公司的老板，我一直在寻找一个固定的、讲诚信的维修店，你还让我到哪里去谈这笔生意呢？”

店主面对诱惑不心动，不为其所迷惑，在他身上所体现出来的就是诚信，而恰恰是这珍贵的品质打动了那位顾客，最终成功地做成了一笔生意。作为一名优秀的工作人员，他所遵循的是“负起责任，培养自信”，而这一切的基础来源于诚信。诚信问题受到了全社会的关注，要想打动顾客，赢得顾客的信赖，我们必须在诚信上下工夫。

子曰：“人而无信，不知其可也。”意思是，一个人若是不讲诚信，就无法在社会上立足，就什么事情都做不成。在现代社会，商人在签订合约的时候，都希望对方能够信守承诺。而在商业活动中，诚信更成为了最佳的竞争手段，可以说它是经济的灵魂。

1.不欺骗顾客

蔡元培说：“诚字之意，就是不欺人，亦不可为人所欺。”许多人为了能够销售出更多的商品，不惜编织谎言，吹嘘产品如何如何地好。你这样做，或许能糊弄那些粗心大意的顾客，但也只是暂时的，从长远来说，你失去了顾客对你的信任，其实也就失去了整个市场。

2.信守承诺

许多销售人员在向顾客推销产品的时候，常常为了迷惑顾客购买产品，轻易许下诺言：“你若是买了这款电脑，我们将送你一份大礼。”谁料，等到顾客真的买下电脑之后，才发现根本没有什么大礼。即便顾客不能对你怎么样，他也会对外宣言该商家的不诚信，从而让你失去更多的顾客。所以，对顾客要说话算数，千万不要许下一些空头支票，否则诚信出了问题，就难以弥补了。

3.以诚待客

徽州商人吴南坡说：“人宁贸诈，吾宁贸信，终不以五尺童子而饰价为欺。”由于他所出售的南破布货真价实，深受顾客的信任。如何诚信经商？我们需要做到以诚待客、货真价实、公平买卖、信守合同、不做假账等等。

俗话说得好：“诚信是最好的公共关系政策。”只要我们能以诚待客，方能达到顾客盈门的目的。

密钥

对顾客讲诚信并不是说说而已，而是需要落实到实际行动上。有的人满口诚信，但总是以利益为主，以自私和贪婪玩弄诚信。殊不知，一旦顾客识破了你那所谓的“诚信”，那么，之前对你的好感就会土崩瓦解了。

营销提问技巧，问对了才成交

营销就是发现并满足顾客的需求的过程，所以提问十分重要。在家具城，有位小姐看中了一套组合家具，导购问：“小姐，这家具您要吗？”顾客回答结果可想而知。问客人“这个东西你要不要？”就像是——问别人“你睡着没？”

张先生想买张床，他进了家具店的门，朝着对面专柜走了过去，导购小姐看有客人来看床，就十分热情地走了过来。看到张先生的眼睛盯在柜台一新款的床上，马上说：“先生你好，是买床吧？”

张先生点点头：“是啊。”导购小姐说：“先生，您看看这款床……现在购买还有大礼包赠送哦。”张先生询问：“多少钱？”导购小姐回答：“3980元。”张先生笑着说：“我再看看。”说完就走了。

张先生逛到了另外一个柜台，小伙子热情招呼：“先生来看床啊？”张先生点头：“是啊。”小伙子开始发问了：“您买床是自己睡还是家人睡啊？”张先生回答说：“老人从老家过来了，想给他买张床。”小伙子笑了：“哦，您是买床给老人家啊，我给您推荐一款，老人家的腰椎好不好？”张先生说：“有些腰椎病。”小伙子：“哦，老年人的腰椎功能会随着年龄的增长而退化，对腰椎间盘老化的老人来说，睡硬板床更好，可消除负重和体重对椎间盘的压力，使症状缓解……”小伙子领着张先生看一款硬板床，让他躺在上面试了试，张先生感觉效果还不错。

张先生问多少钱，小伙子回答：“现在特价，只要1680元。”张先生一听还可以接受，不过并没有马上买走，就说：“我转转看，差不多的话就过来买。”结果他又转了转，想去找更合适的，可惜没有。张先生就回来找到那个小伙子开票买单了。

许多营销人员认为说很重要，怎么说得好听，怎么来。比如，一些导购抓住一个顾客就开始说，滔滔不绝，说自己的产品如何如何好，说得唾沫横飞，容不得客人插嘴。结果呢，顾客根本不吃这一套。

那么，在实际营销过程中，应该使用哪些技巧呢？

1.连续肯定法

营销人员所提问题要便于顾客用赞同的口吻来回答，即连续回答“是”。然后，等到要求签订单时，形成有利的情况，便于让顾客做出肯定答复。

营销人员：“很乐意和您谈一次，提高贵公司营业额对您一定非常重要，是不是？”

顾客：“是。”

营销人员：“好，我想向您介绍我们公司的产品，这将有助于您达到您的目标，生活会过得更好。您很想达到自己的目标，对不对？”

顾客：“对。”

营销人员运用连续肯定法，要求有准确的判断能力和敏捷的思维能力。每个问题的提出都要经过认真的思考，尤其是注意双方对话的结构，使顾客沿着我们的意图做出肯定的回答。

2.诱发对方的好奇心

在见面之初，营销人员直接向可能的买主说明情况或提出问题，故意说一些可以激发他们好奇心的话，将他们的思想引到你可能为他提供的有益地方。

比如，营销人员对一个曾拒绝自己多次的顾客递上一张纸条，上面写着“请您给我十分钟好吗？我想为一个生意上的问题征求您的意见。”这纸条上的问题诱发了顾客的好奇心，到底这位营销人员会向自己请教什么问题呢？同时也满足了顾客的虚荣心。

结果，营销人员被请进办公室。

当然，假如诱发顾客好奇心的提问方式变得不切实际的时候，使用这种方法就很少会使人受益。而且一旦顾客发现自己上当了，那营销人员的计划就会全部落空。

3.刺猬效应

在各种促进买卖成交的提问中，刺猬技巧是卓有成效的。所谓刺猬效应，其特点就是我们用一个问题来回答顾客提出的问题，我们用自己的问题来控制自己和顾客的交谈，把谈话引向销售程序的下一步。

顾客：“这项保险中是否有现金价值？”

营销人员：“您很看重保险单是否具有现金价值的问题吗？”

顾客：“绝对不是，我只是不想为现金价值支付任何额外的金钱。”

对于这个顾客，如果我们想一味地向他推销现金价值，你就会将自己推到陷阱里。这个人不想为现金价值付钱，因为他不想把现金价值当成一桩利益。这时候营销人员可以向他解释现金价值这个名词的含义，提高顾客在这方面的认识。

4.单刀直入法

这种方法要求营销人员直接针对顾客的主要购买动机，开门见山地向对方推销，打对方个措手不及，然后“趁虚而入”，对其进行详细劝服。

营销人员站在大门的台阶上，当客人把门打开时，营销人员问道："家里有高级的食品搅拌器吗？"男主人怔住了，这突然的提问使他不知道如何回答才好。他转过脸来和太太商量，太太有点窘迫但又好奇地回答："我们家有一个食品搅拌器，但是不是非常高级的。"销售人员回答说："我这里有一个高级的。"说着，他从提包里掏出一个高级食品搅拌器。结果，这对夫妻接受了他的营销。

假如这个营销人员一开口就说："我是北京某某公司的销售员，我来是想问一下你们是否愿意购买一个新型的食品搅拌器。"那想一想，这种提问的营销效果会如何呢？

5.以话学话

这种提问方式就是首先肯定顾客的观点，然后在顾客见解的基础上，再用提问的方式说出自己要说的话。比如经过一番劝说之后，顾客说："嗯，现在我们确实需要这种产品。"这时营销员就应该抓住机会接过话头："对呀，假如您感到使用我们这种产品可以节省贵公司的时间和金钱，那么我们还在等什么呢？"这样，自然而然，顾客就会选择购买。

密钥

所有的沟通难道不是为了有一个很好的结果吗？由此可见，提问是需要技巧的，在营销中更是如此。问话问得巧，不仅可以占尽优势，同时也能够更顺畅地达到自己想要的结果。

第14章　结交挚友，给亲密留点距离

俗话说：“千金难买是朋友，朋友多了路好走。”从古至今，人们对于朋友都看得很重。一个人在前行的道路上若是缺少了朋友的陪伴，总是有几分遗憾。可是，如何才能打动朋友的心呢？

包容朋友所犯的小过错

面对朋友，要怀有一颗包容的心，这样我们才能赢得真正的友谊。俗话说：“人非圣贤，孰能无过。”我们身边的那些朋友偶尔也会犯一些小错误，尤其是错误的事情涉及到自己的时候，我们该怎么办呢？如果我们心里充满了憎恨，老是愤愤不平，希望朋友遭到不幸或惩罚，或者与之断绝关系，那么，无形之间，我们已经失去了一个朋友。其实，朋友的相识相交并不是一蹴而就，而往往需要一个很长的过程，就如同你洒下了一粒种子，需要付出时间与精力去浇水、施肥、照料，种子才能发芽。

如此看来，交朋友并不是一件简单的事情。朋友对于我们而言是难得的，如果仅仅因为朋友无意之间犯下的一些小错误就失去了他，那是我们的损失。因此，学会包容朋友的错误，即使只是一句再简单不过的话，也能够为我们的友谊迎来一片蔚蓝的天空。而且，包容并不是姑息朋友的错误，而是一种理解，当朋友犯了小错误的时候，包容对方往往是最好的处理方法，这样我们才能重拾那段珍贵的友谊。

在二战期间，一支部队在森林中与敌军相遇，经过了一场激烈的战争之后，有两名战士与部队失去了联系，只剩下他们相依为命。两人来自同一个小镇，是一对好朋友，他们在森林中艰难跋涉，互相安慰。可是，十多天过去了，他们仍然没有与部队联系上。有一天，他们打死了一只鹿，凭着鹿肉艰难地度过了几天。也许是战争使动物都逃走或被杀光了，他们再也没看到任何动物，两名战士只剩下一点鹿肉，继续前行。

这一天，两名战士在森林中与敌人相遇，经过一次激战，两人暂时打退了敌人。就在他们即将脱离了危险的时候，却听到一声枪响，走在前面那个年轻战士中了一枪，幸运的是伤在了肩膀上。后面的那位士兵惶恐不安地跑过来，他害怕得语无伦次，抱着年轻战士的身体泪流不止，赶快撕下自己的衣服将战友的伤口包扎好。那天晚上，没有受伤的战士一直念叨着母亲的名字，他们都认为自己熬不过这一关了。尽管他们十分饥饿，但谁也没有动身边的鹿肉。幸运的是，第二天部队救出了他们。

三十年过去了，那位受伤的战士说："我知道是谁开的那一枪，他就是我的朋友。在他抱住我时，我感觉到他的枪管是热的，我怎么也不明白，他为什么对我开枪？但是，当天晚上我就原谅了他，我知道他想独吞那点鹿肉，我知道他想为了母亲而活下来。在以后的三十年里，我假装根本不知道这件事，也从来不提起这件事。战争太残酷了，他的母亲还是没有等到他回来，我和战友一起祭奠了他的母亲。在那一天，朋友跪下来，请求我原谅他，我没有让他继续说下去，我们继续做了几十年的朋友，我包容了他的错误。"

一对经历生死的朋友，他们之间的友谊是无法言说的。而正因为这弥足珍贵的友谊，使得战士原谅了那位向自己开枪的朋友，他明白，他可以选择憎恨与报复，但是却要以失去一个朋友为代价，孰轻孰重？最终，他选择了包容朋友的错误。后来，他们继续做了几十年的朋友，直到老死的那一天。其实，在战士原谅朋友的那一刻，他的心灵也得到了救赎，不再纠结于朋友的错误，他重新获得了一份轻松愉快的心境。

包容，让我们少了一分忧伤，多了一分快乐；包容，使我们少了一分仇恨，多了一分善良；包容，让我们少了一分嫉妒，多了一分真诚；包容，使我们少了一分纷争，多了一分有爱。包容朋友的错误，你将得到一个朋友；无法谅解朋友的错误，你将失去一个朋友。

密钥

俗话说："朋友多了，路好走。"有时候，我们甚至要将敌人变成朋友，那么又何必抓住朋友的错误不放呢？学会谅解，学会包容朋友犯下的小错误，打动朋友心。这样，我们的朋友才会越来越多，越来越真。

倾听对方诉说，真正走进朋友内心

与朋友的相处过程中，我们往往是用语言交流思想，用心沟通感情。其实，朋友之间的沟通与交流不仅仅是语言，我们很容易忽视耳朵的作用，那就是认真地倾听。在生活中，我们经常会接到朋友带着哭腔的电话，他们一遍遍地描述自己在感情中受到的伤害，一遍遍倾诉自己的苦恼，这时候，我们所需要做的就是认真地倾听。对朋友来说，倾听是一种交流，更是一种亲近的态度，同时，它更容易打动朋友的心，因为只有倾听才能真正地走进对方的心里。当朋友不断地抱怨自己的痛苦的时候，甚至像祥林嫂一样总是喋喋不休地谈论自己的伤心往事，那么我们应该闭上嘴巴，做一个最忠实、最认真的听众。

实际上，倾诉是一种心理宣泄，由于心中积压了多日的苦闷，他们急切地想要找他人诉说。面对朋友的这种情况，我们应该少说多听，达到心灵之间的交流，真正走进朋友心里，打动朋友心，让彼此之间的友谊得到升华。

小娜和小丽是大学同学，平日里只是互道问候，勉强算是普通朋友。不过，这样的关系在经过一次聊天之后有了一些微妙的变化，两人逐渐成为了知心朋友。

那天，小娜一个人漫步在大学生广场，神情哀伤，正巧，小丽也在那里，她先打招呼："小娜，早啊，今天天气不错。"小娜只是点点头，就不想多说了。昨晚跟男朋友吵架了，心情很差，可是，这样的事情找谁说呢？寝室里人多嘴杂，若是跟她们说了，自己肯定会成为班里的新闻人物。

小丽看见小娜的神情，关切地问道："你怎么了？出什么事情了吗？"这一问，小娜再也忍不住了，轻声哭了起来，小丽扶着她的肩膀，说道："有什么事情就说出来吧，虽然我不能帮你什么，但是我可以做一个最认真的听众。"小娜坐了下来，看了看身边的小丽，虽然平日里没怎么接触，但这时她觉得小丽是最值得依靠的朋友了。她用哽咽的声音说道："昨晚我跟男朋友吵架了，本来只是一件小事，我也不想发脾气，可是……"断断续续中，小娜讲述了与男朋友相处过程中的一些烦恼，小丽不时安慰一两句，认真地听着小娜的倾诉。两人在那里坐了大半天，小娜心中的苦闷似乎也宣泄完了，她擦了擦脸上的眼泪，对小丽充满了感激："谢谢你今天陪我坐了这么久，把那些事情说出来，感觉好多了，以前没怎么跟你接触，你可真是一个难得的好朋友啊。"小丽笑着说："其实，我也没帮你什么，只是做了一个忠实的听众而已。"小娜拉着小丽的手，说道："但对我来说，能听我说话，那就是最好的朋友了。"就这样，两人慢慢成为了无话不说的朋友。

因为一次倾听，小娜把小丽当成了最好的朋友，而这就是倾听的魅力。很多时候，面对有了烦恼的朋友，我们所做的最好安慰就是让他把想说的话说出来，他所需要的就是一个倾诉的对象，而你只需要做一个认真的听众，他哭了你送纸巾，或是拍拍后背就行了。一般而言，因为信任，朋友才向你倾诉，因此，不管他说的事情有多么地无聊，我们都需要认真倾听。这样，我们才对得起朋友的信任，也才能维系一段珍贵的友谊。

1.少说多听

在日常生活中，有的人在面对朋友的倾诉的时候，似乎总是心不在焉。说到某些事情，他总是岔开话题，聊着聊着就聊到了自己的事情上，搞得朋友很不乐意，或者就是多说少听，自己说自己的，全然不顾朋友的倾诉。其实，这些都不是最好的安慰，对于一个急切想倾诉的朋友来说，他最需要的就是一个倾诉的对象，哪怕你一言不发，但只要你是在认真地倾听，那么，他就会觉得你是最好的朋友。而你在不知不觉间，以认真地倾听打动了朋友的心。

2.专注、认真地倾听

面对朋友的倾诉，我们除了倾听之外，需要适时地重复朋友话语中的关键字眼，毕竟，倾听比说话更需要毅力和耐心。假如你只是埋头玩自己的手机，或者把头瞥向一边，这样无疑会打击朋友的积极性，这样的安慰也宣告失败。因为只有听懂了朋友表达的意思的人才能沟通得更好，倾听是说话的前提，先听懂朋友的心里话，再表达出自己的想法和观点，才能更好地安慰朋友。

密钥

倾听，不仅仅是最有效的沟通方式，更重要的是可以拉近与朋友之间的距离。当朋友正在伤心地讲述自己的往事，他所需要仅仅是倾听，哪怕你一句话不说，他也会觉得此刻你就是他最好的朋友。

努力记住所有关于朋友的小事

既是朋友，彼此之间肯定会有一些小秘密，诸如某年某月某日，一起去了某地方度过了愉快的一天，还包括朋友的生日、朋友喜欢的东西、朋友吃的食物等等。这些都是朋友之间的秘密，同时，也是维系朋友之间的纽带。如果你连朋友最爱吃的食物都不知道是什么，那么想必你这个朋友并不太“上道”。如果被朋友无意间知道了你的大意，那么朋友肯定会对此感到非常失望。

事情越小，你记得越清楚，那就足以证明朋友在你心中的位置越重要。相反，如果你连最简单的事情都没能记住，那么，朋友心里肯定会很受伤，觉得你并不在乎这段友谊，而彼此之间的关系也会逐渐疏远。所以，要想打动朋友的心，就要让朋友觉得他在你眼里很重要，而比较恰当的方法就是，努力记住所有关于朋友的小事。

小王的朋友很多，更令人感到奇怪的是，他好像与每个朋友的关系都极为密切。对此，有人好奇地问道：“你是如何打动朋友的心？”小王笑呵呵地说：“其实，秘诀很简单，我总是努力地去记住关于他们的一些小事，比如很久前的一天我们一起去餐馆吃了一顿大餐，去年夏天我们一起旅行了，前年冬天他送了我一件特别的礼物。可能，我并不知道朋友家里的具体住址，但是我能记住这些事情，那就表明他在我心里的位置很重要，自然而然地，就打动朋友了，彼此的关系也就更深了。”虽然小王的话有些匪夷所思，但是他确实用自己的亲身经历证明了朋友之间相处的真正秘诀。

这天，小王遇到了三年不见的老朋友，一见面，彼此就寒暄，小王脱口而出：“好久不见了，老朋友。记得三年前，我们可就是在这座城市分别的，你走的那一天，我准备来送你的，没想等我赶到了机场，你早就走了。这一别到今天才相见了，真是岁月匆匆啊。”那位朋友本来还觉得彼此有些生疏，但一听这话，心里感觉暖暖的，话语里也亲近了不少：“你还是这样，记性真好，很多小事情都记得清清楚楚的。”小王有些得意起来：“那当然了，我记得你最喜欢看世界杯了。读书那会，你跷课整整三天，就为了看那世界杯，去年冬天，你还打电话通知我看世界杯呢……”几句话一说，两人顿时找到了当年那种亲密的感觉。

小王通过记住关于朋友的一些小事，以此来拉近彼此之间的距离，同时让朋友感觉到自己在对方心中其实占据着很重的位置。努力记住所有关于朋友的小事，虽然听上去很简单，但是真正做起来却是一件不容易的事情。毕竟，我们不仅要去记住那些小事，而且是用心记，如果你只是马虎了事，那难免会张冠李戴，朋友听了心中自然会觉得失望，彼此之间也会疏远了不少。

另外，事情越小，才越有价值。当你在朋友惊诧的目光中回忆起那件小事，他一定会忍不住惊叹：“这么小的事情，你还记得，这么多年过去了，我早已经忘记了。”他会这样说，其实是心中洋溢着兴奋之情，没有多少人能用心来记住别人的事情。你记住了，那就向对方表明你心中一直挂念着这位朋友，如此，就能顺利打动朋友的心。

当然，努力记住所有关于朋友的小事，并不是指你凡事都需要记下来。比如朋友丢脸的事情，那些就是不宜记住的。如果你记住了，而且在某些场合还将它当作谈资说出来，那朋友面上可就挂不住了。

朱元璋当了皇帝之后，一位旧时朋友来巴结，当他讲了一些曾经的趣事之后，却没想到朱元璋勃然大怒，不顾旧时情谊，将他赶了出去。原来，朋友所讲的事情是朱元璋之前的丢脸事情。自然，这样的“用心”根本不讨好，反而害了自己。因此，关于朋友的事情，要多记住好事，比如让朋友脸上有光的事情，还有就是能证明彼此感情的小事，这样我们才能真正地走进朋友心里，达到打动朋友心的目的。

密钥

每个人都希望自己能在他人心中占据一定的份量，即便是对于朋友也是如此，千万不要认为只是朋友，就没有必要记住关于他的一些事情。事实恰恰相反，如果你想维持一段较为长久的友谊，则应该努力记住所有关于朋友的小事。

朋友有难，主动提出帮助

朋友有了难处，该怎么办呢？在现实生活中，我们经常会碰到这样的情况，有的人唯恐而避之，担心殃及自己，早就躲得远远的；有的人则表现得十分仗义，主动提出帮忙，倾力相助。于是，前者的朋友越来越少，而后者的朋友越来越多。其实，朋友之间是相互的，今天你帮了他，明天他也会帮助你。

我们都不能保证自己将顺顺利利地过一生，在生命的旅途中，我们或多或少都会遇到一些困难。这时，你当初怎么对朋友的，朋友也将一并还在你身上，甚至会加倍地偿还给你。朋友有难，应该鼎力相助，如此才能使彼此间的友谊越来越深厚，也才能打动朋友的心。

小军与张亮是一对好朋友，小军从事导演工作已经十几年了，但最近这些年总是走下坡路。前不久，小军踌躇满志地策划了一部新戏，投入了大量资金作为启动资金，那个作品就像是自己的孩子一样，积聚了他无数的心血。可是，谁也没有想到，从创作、筹备到策划，眼看着就快要开拍了，投资方却突然撤资，剧组所有工作陷入了困境。原来因为小军执意从事导演工作，前几年已经欠下了千万的账款，这次好不容易找到了肯投资的公司，准备打个漂亮的翻身仗，却没有想到投资方了解到自己的经济状况，而选择了撤资，这对他简直是毁灭性的打击。

朋友张亮不知道从哪个朋友嘴里听到了这个信息，马上放下手上的工作，开车来到小军家，一进门就说：“我来给你的新戏投资。”“什么？”小军满脸惊讶，张亮不懂得演艺事业，以前还经常开玩笑说：“那玩意挣不了什么大钱。”现在竟然愿意投资。张亮笑了，说道：“我是不懂表演，甚至直到这一刻，我也不是喜欢它的，但是你是我的朋友、好哥们。你现在遇到了困难，我不能袖手旁观，相信你的眼光，我马上就将资金转过来。”听了这话，小军心里暖暖的，由于资金的及时到位，小军的作品如愿搬上了大荧幕，并取得了巨大的成功。在庆功宴上，小军举起酒杯向张亮敬酒：“你是我这辈子的恩人，我是不会忘记你的。”张亮颔首微笑，并没有说话。

人生不如意十之八九，在这个世界上，凡事不可能顺顺当当、安安乐乐，总是会出现一些挫折与困难。这对于每个人来说是一样的，每天都会发生一些不愉快的事情，这是极其正常的，没有什么值得去抱怨。有时候，我们身边的朋友会遭遇了困难，那也是情理所在的事情。

朋友落难了，千万不要落井下石，这是不仁不义的小人行为，也是极端恶劣的行为。不管朋友是否向你求助，我们都应该主动伸出友好的手，拉他一把，帮助朋友脱离困境。

1.与其被求助，不如主动帮忙

朋友有了困难，有的人虽有心帮忙，但总觉得朋友还没开口，不如就等着他来向自己求助，有的人甚至觉得只有朋友开口求助了，自己才会帮忙，似乎考虑到自己的面子问题。其实，对待朋友，与其被求助，不如主动帮忙。前者是勉强，后者才是真正出于内心的。真正的朋友不会等到朋友开口向自己求助，而是主动放话：“若是有什么需要帮助的，你尽管开口好了，能帮的我一定帮忙。”如此，让朋友感到自己的一片真心，他定会对你充满感激。

2.倾力相助

朋友有难，应该倾力相助，而不是有所保留。虽然凡事想到自己是人之常情，但若你总是为自己私利着想，即使在朋友面对困难的时候，也想到有所保留，那就显得对不住朋友了。毕竟，朋友情境已经迫在眉睫，而自己所能帮的就只有这些了。有时候，哪怕我们倾力相助，也不一定能帮上忙，我们所付出的是那份弥足珍贵的心意。因此，朋友有难了，我们应该倾力相助，一旦被朋友知道你并没有竭尽全力，日后他对你多少会有些抱怨。

密钥

如果朋友之间仅仅是建立在“同享福，不能共患难”的基础上，那么这样的朋友也会不长久的。与朋友之间的感情，需要我们努力经营，面对朋友的困难，我们应该主动伸出援助之手，帮助朋友渡过难关，如此才能赢得朋友的信任。

亲密朋友，也应有所保留

有的人认为，既然朋友之间是无话不谈，那么自己对朋友也没有什么好保留的，于是他们就把自己的所有隐秘的事情都和朋友说了。其实，即便是最亲密的朋友，也不要凡事都告诉给对方，要给自己一片自由的空间，毕竟那才是最安全的。在更多时候，正因为朋友之间保留了一部分秘密，才会使彼此的关系更加地稳固，使彼此的交往更具有吸引力。

我们每一个人都有自己的隐私、生活圈子，还有一些不为人知的个人经历，难以启齿的话语，这些都是需要我们自己保留的，只铭记在心里，而不是把它们作为朋友之间的谈论话题。如果你毫无保留地告诉朋友，只会让朋友觉得“你是个傻瓜”，或者对方根本就对你的这些隐秘的事情不感兴趣。

最为关键的一点，那就是万一你的朋友是个当面一套、背后一套的人呢？经过他的嘴巴把你的那些最为隐秘的事情，弄得满城尽知，到时候丢失颜面的只会是自己。而且你在与朋友交往的时候，并不能确保你们之间就能一直维持和谐的关系，不会出现任何矛盾。一旦你们之间有了矛盾，那就会激起对方的报复之心，把你的那些秘密抖搂出去，那时候已经追悔莫及。

1.尊重朋友的隐私

朋友之间最重要的就是互相尊重，不仅仅是尊重朋友，更需要尊重朋友的隐私。即便是你最好的朋友，也会有意无意地伤害到你。因此，朋友之间需要保留自己的那份自由天地，既需要为自己保留，更需要为朋友留一个自由的空间。

小李个性比较外向，喜欢张扬自己，和关系不错的朋友聊天聊得愉快了，就喜欢把聊天内容拿来和其他的朋友分享。

当她刚开始踏进社会的时候，进了一家广告策划公司，居然遇到了比自己大一届的学长。虽然在学校没有见过面，但是相同的专业让他们觉得很亲切。她与学长特别聊得来，学长为了帮助她尽快进入角色，经常关心她的生活，督促她的工作。为了提高小李的工作进度，他还经常在下班之后留下来，耐心地为小李讲那些工作流程，细心地纠正她在工作中出现的错误。可是，当学长偶然听说，小李把他们的聊天内容说给了其他朋友听后，他便不再和小李聊天，只是偶尔淡淡地问候。

直到现在，虽然小李看见学长还能亲切地叫一声，但是总是感觉他们之间的距离越来越远，再也回不到从前。小李很后悔自己当初的行为，没有很好地尊重学长，破坏了彼此之间的关系。

我们在与朋友交往的时候，需要表现出对他的充分尊重。这样的尊重不仅仅是尊重朋友之间的情谊，更重要的是尊重其隐私。无论对方与你谈论了些什么，都要视为是你们之间的秘密，是不可以随便向其他人说的。因为每个人的心灵都是比较脆弱的，有时候你无意的一句话、无意表现出来的一个动作就会伤害到对方，进而影响双方之间的关系。

2.保持朋友之间的弹性美

在日常人际交往中，人与人之间都存在着一定的心理距离，正是有这样一种距离，才使得我们的人际交往更为顺利。朋友之间既要有距离，也要保持一定的弹性。只有保持朋友之间的弹性美，才能使双方之间的友谊更加地长久。

密钥

如何来保持朋友之间的弹性美？这就需要我们从两个方面做起，一方面需要我们正视与朋友之间的关系，真正的朋友既不是施舍，也不是同情，而是一种绝对的信任和真诚。另一方面，需要我们与朋友之间保持一定的距离，不要凡事都干涉对方，不要主观地认为自己永远是对的，每个人都有自己的想法，我们也没有资格强求对方按照自己的意图办事。

Part 4

什么场合，怎么说

§

说话要分时间和场合。有些话在一些场合可以说，在另外一些场合不可以说，即便是同样的话在不同的场合和时间也会有不同的效果。如果想要学会在什么场合说什么话，就要学会分析在不同场合，人们不同的心理需要。

§

第15章　宴请交际，推杯换盏游有余

现代社会，请客吃饭成为最常见、最有深意的交际形式，也最能体现一个人的交际手段。小到求人办事，联络感情，大到商业谈判，权钱交易。可以说，只要有人在的地方，就有饭局。吃饭应酬，不容小觑，应多花心思，才能在推杯换盏中游刃有余。

饭桌，最有深意的交际场合

中国有句古话：“民以食为天！”吃饭，不仅是人类生存的第一需要，它还是一种生活方式。除了能解决温饱问题，吃饭作为一种重要的、在中国尤被发扬光大的交际方式，被赋予了更为广泛与复杂的内涵。的确，吃饭是中国最普遍的交际方式，上至京城都市，下至穷乡僻壤，除了吃饭，有时找不到第二种交际方式。

对于请客吃饭具有社交的功能，钱钟书就曾写道：“吃饭有许多社交的功用，譬如联络感情、谈生意经等等。社交的吃饭种类虽然复杂，性质极为简单。把饭给有饭吃的人吃，那是请饭；自己有饭可吃而去吃人家的饭，那是赏面子。交际的微妙不外乎此。”话说整部《西游记》其实就是一场饭桌社交的“恶果史”。

孙悟空经过几番周折，终于获得了天庭的一个不痛不痒的官儿——“弼马瘟”，便自以为是神仙了。但后来，他听说西王母举办蟠桃盛宴没有邀请他，于是冲冠一怒，大闹天宫，最终被压在五指山下。

而在西王母看来，自己大宴众仙，孙悟空官职低微，不请也罢。孙悟空来到天上本来也很知足了，不料，安逸的生活让他的自尊心暴涨。如今被王母娘娘排除在蟠桃盛宴这个饭桌社交之外，于是他反了。乱瑶池，踢丹炉，拉起了“齐天大圣”大旗。

虽说后来如来佛出手降伏了孙悟空，但孙悟空在西去的路上仍反复找众仙的麻烦。这些不正是一场不周到的饭桌外交带来的恶果吗？

我们赴宴，可能是以个人的身份，也可能是代表某个公司或者组织，往大处说，也可能是代表某个国家。关于后者，我们的个人的言谈举止则被外界视为一个民族和国家的形象。所以欧洲旅游总会制定的旅游者应遵循的九条准则中第一条就这样写道：“你不要忘记，你在自己的国度里不过是成千上万同胞中一名普通公民，而在国外你就是‘西班牙人’或‘法国人’，你的言谈举止决定着他国人士对你的国家的评价。”不管以什么身份，具有良好的餐饮礼仪，应对进退，表现不俗，自然会塑造出良好的个人形象或组织形象。

饭桌是一个中介，通过饭桌社交的洗礼，原来的陌生人就可以变成熟人、朋友。一般来说，三杯水酒下肚，自然就会变生为熟，这是饭桌社交最强大的功能。

的确，请客吃饭是最常见、最有深意的交际形式，它在交际中的作用一般有以下几个方面：

1.拉近与陌生人间的距离

旅居中国五年的叙利亚人卡利姆如是说：“在中国做生意与在别处做生意的不同是，在别处，即使不是朋友也可以把生意做好，但要在中国做好生意，必须跟别人成为朋友。一旦你跟中国人成了朋友之后，你会发现他们是很善良的，不自私，如果你有求于他们，他们都会尽量帮忙。”

2.交流信息

诚然，随着信息技术的发展和大众传媒的普及，信息传播的方式已经日趋多样化和现代化，但尽管如此，它们依然不能代替在饭桌上沟通信息的普遍性和重要性。而且餐桌上沟通的信息往往更生动、给人的印象更深刻、更富有启发性。如近代四川茶馆首先突出了传播信息的作用。川人进茶馆，不仅为饮茶，而首先为获得精神上的满足，自己的新闻告诉别人，又从他人那里获得更多的新闻与信息。川茶馆的第一功能是“摆龙门阵”，一个茶馆便是个小社会。

3.协调人际关系

餐桌是人际关系的润滑剂和调节器。由于餐饮礼仪的基本原则是敬人律己、真诚友善，因而它能联络人们相互间的感情，架设友谊的桥梁，协调各种人际关系，营造一个和谐友善的社交氛围，也有助于建立和发展人与人之间相互尊重和友好合作的新型关系。即使在人与人之间发生某种不快、误会和碰撞时，我们通过一句礼貌用语、一个礼仪形式，便会化干戈为玉帛，重新获得彼此的理解和尊重。

4.有利于塑造良好形象

社交中的“形象”，指的是参与交往的主客双方在对方心目中的总的评价和基本印象。在社交活动中，人们常常根据对方的外貌、举止、谈吐和服饰等表面特征，给对方做出初步的评价并形成某种印象，即第一印象。这种人际认知的第一印象虽然具有表面性和片面性，但一旦形成以后，往往使人产生某种心理定势，对人际交往的成败和人际关系融洽与否起着重要作用。这也就是人们常说的“首因效应”。

密钥

在中国，似乎很少有单纯工作意义上的业务关系，多如牛毛的饭桌社交早已给业务关系掺入了友情甚至类似亲情的因素。尽管这种关系很可能只维持短暂的时间，但对于为了种种目的必须要与别人打交道的人来说，这种通过吃饭进行的情感洗礼必不可少。

吃饭之妙，在于营境布局

中国的饮食之道，也是人情融合之道。吃一顿吃饭，既是亲朋故交之间的沟通交流，也是生意对手间的交锋谈判。在中国，99%的事情是在饭桌上开始，饭桌上解决，最后又要回到饭桌上的。因此，最能体现一个人交际手段的便是吃饭。

新加坡国立大学东亚研究所所长王赓武教授接受记者采访时说："中国人谈事情的过程看上去费时费事，但是中国人看重人际间的相互投入。交流起来虽多费工夫，但更富人情味。即使交易最终没成，以后相互关照，也不在话下。"这大概就是中国人总把陌生人往饭桌旁边拉的原因。零点公司的报告显示：近90%的被调查者对亲戚感觉比较亲近或非常亲近，同学圈和同事圈次之，对社交圈的心理依赖度最低。报告称，这体现出中国居民的特点——熟人社交。

张丽是某公司的一个小领导，虽然官儿不大，但掌管着公司员工的考勤情况，公司每个员工要请假，都要得到她的批示。

最近，张丽要过生日了。自从结婚后，丈夫早已把她的生日忘得一干二净，这让张丽很是不快。不过，张丽也理解，丈夫每年大部分的日子都在外面出差，哪有时间记起这事。但奇怪的是，今年她生日这天，却收到了一张邀请卡，上面只写道："晚上七点，畅海园，不见不散。"

怀着好奇的心，晚上七点，张丽准时到了相约的地点，但等待她的并不是丈夫，而是单位的小陈，这着实让张丽很惊奇。

"你怎么知道今天是我的生日？"

"关于张姐的一切，我了解得都非常清楚，我听说今晚您没有约会，同事们也没说给您庆祝，我就自作主张，给您庆祝一下。"听完小陈的一番话，张丽差点感动得哭了。是啊，这几年来，还有谁留意过自己的生日呢？

于是，张丽借着酒劲儿，很快便与小陈聊了起来。就这样，时间很快地过了一个小时。酒至三巡，突然有人敲门，手拎一盒蛋糕，说是送外卖的，有人叮嘱送给这里的寿星。张丽这时更是感动了，已经湿了眼眶。那天，二人谈到深夜，依然依依不舍，并以姐妹相称。离别时，张丽坦言道："小陈啊，以后有什么事，一定要来找我，我能帮得上忙的，一定不会袖手旁观。"

张丽之所以和小陈成为姐妹，并不仅仅在于一顿饭，而是饭桌上小陈一番感人的话语。酒过三巡之时，这一盒蛋糕更是给足了张丽惊喜。可见，吃饭意并不在吃，而在于言谈的深入带来的感情的加深。

的确，对中国人来说，饮食之道，也是人情融合之道。一场饭局可以是亲朋好友之间的沟通交流，也可以是生意场上的谈判，这与西方人自居一隅，各自分餐有着文化根源上的区别。易中天说，中国人喜欢请客吃饭，并不是中国人好吃，而是中国文化的思想内核——群体意识使然。所以，看一个人经常混迹于何类饭局，便几乎可以洞悉其兴趣、爱好、财富、身份、地位。吃饭在中国，也体现了一个人的社会身份认同体系。

那么，在饭桌上，我们该如何通过谈话加深彼此间的感情呢？当然，这要视不同的饭局而定：和两三好友一起吃饭，口无遮拦，爽声大笑，从容轻松，是一种快乐；和领导吃饭就难多了，切忌"领导敬酒你不喝，领导夹菜你转桌，领导讲话你啰唆"；至于操办公宴，对主人的社交能力更是严峻的考验。

如何选择档次合适的酒店、门口是否有停车位、怎么排座位、如何点菜，都要煞费苦心；酒席中，如何把握气氛、调动来宾情绪，男女客人之间的交流、主客之间的沟通，都要仔细考虑。只有宾客尽兴而归，主人才能长出一口气。一旦出现纰漏，该达到的效果没有达到，那主人估计连跳河的心都有。吃饭是一门人际关系的学问，也是生存打拼的智慧。通晓吃饭交谈的奥秘，你才能真正领略到吃饭的真正精髓所在，才能在任何饭局中游刃有余，无往而不利！

密钥

小到求人办事，联络感情，大到商场搏杀，权钱交易，可以说，凡有人处，就有吃饭！可见，吃饭之妙不在“饭”，而在“局”也；吃饭之意不在吃，而在于言谈的深入。情到深处，我们请客吃饭的目的也就达到了。

无酒不成宴，不可少的祝酒词

中国人常说：“无酒不成宴。”的确，中国人喝酒，喝的不仅是酒，还是一种意境和文化。自古以来，素有“行酒令”之传统，到了现代，人们的劝酒习惯有增无减，这也是酒桌上的一个礼仪，我们都希望对方能在我们的劝说下喝下我们敬的酒。因此，我们在交际应酬的时候，除了要懂得如何喝酒，还要明白劝酒的学问。

小杨有一群很要好的朋友，可谓铁哥们儿。在他结婚时，这群朋友本着“不把小杨放倒，誓不罢休”的原则来参加婚礼。

果然，酒席一开始，他们就使出了看家本领，一个个都很会劝酒。一位朋友对小杨说：“男人不喝酒，交不到好朋友。”没办法，小杨义不容辞地喝下了这杯酒。还没歇会儿，另一位朋友又对小杨和新婚妻子说：“女有貌，郎有才，杯对杯，一起来”，面对朋友这样的深情厚谊，他自然也得喝下这杯酒。接着，两个朋友都没放过他。一场酒席下来，小杨差点把老胃病喝出来，但正如他对这帮朋友说的：“你们劝酒我乐意喝，今儿我高兴。冲着你们这张劝酒的嘴，我都不好意思不喝啊。”

在餐桌上劝酒，可以渲染吃饭气氛，使整个宴席的气氛活跃起来。和小杨的这些朋友一样，那些会劝酒的人往往能获得满堂彩，不失礼节又能让人刮目相看。

餐桌上，我们都希望对方能喝下我们敬的酒，但如何做到这一点，就得看我们劝酒的本领。劝酒词是轻松和谐的，但我们在劝酒的时候，要避免庸俗，否则会让对方感觉难堪甚至鄙夷，这样，原本为了活跃气氛的本意就被倒置了。或许你认为自己比较木讷，不大会说，为此，你不妨掌握以下这些文明又动听的劝酒词。

过去，我们生活中最流行的敬酒词是："感情深一口闷，感情浅舔一舔，感情铁喝吐血。"如今已让新的敬酒词所替代："美酒倒进白瓷杯，酒到面前你莫推，酒虽不好人情酿，远来的朋友饮一杯""天蓝蓝，海蓝蓝，一杯一杯往下干""女有貌，郎有才，杯对杯，一起来"。

可见，在酒桌上学会劝酒是何等地重要，才思敏捷、善于利用劝酒加深感情的人往往能让宾主尽欢，于微醉微醒中达到喝酒的目的！

密钥

劝酒考验的是一个人在应酬的时候的变通、见机行事的能力，因为劝酒的变化性很强，但也不是毫无章法、毫无规则的，我们要根据不同的场合、时间、地点以及当时的喝酒氛围来劝酒。

面对车轮式敬酒，不伤和气地婉拒

中国式的吃饭应酬中，酒是必不可少的交际手段。对于那些善于交际应酬的人而言，酒是他们的社交工具，他们善于在推杯换盏中吃出氛围，喝出交情，谈成生意，扩展人脉。其实，很多酒桌上的酒、菜都只是附属品，喝酒也只是一种方式、一种投资、一种手段。精于此道的人，拓宽了人脉，积累了财富，也搞好了关系，结识了朋友，一举两得，名利双收。

交际应酬中，我们不仅要学会敬酒，还要学会“推杯”，尤其是面对那些车轮式敬酒的情况，更要学会婉言拒绝。酒桌是个交际场所，也是一个考验人的场所。我们不能喝酒，最好学会拒酒；我们不能以酒量让他人痛快，那就凭三寸不烂之舌让大伙儿开心。这样，就能既不伤自己的身体，又不让劝酒者扫兴。

这天，老杨这个“酒场君子”又被大家拉去吃饭了，他总是乐此不疲。酒桌上，他看到同事小刘也在，就想和这个年轻人拼一下酒。

于是，他端起酒杯，对小刘说：“滚滚长江都是酒，乙醇淘尽英雄，坛坛罐罐转头空，杯盘狼藉在，几张老脸红，残汤剩菜酒桌上，惯看醉汉威风，一群酒鬼喜相逢，古今多少事，都废酒坛中。”接着，他说先干为敬，可是，小刘偏偏是个连葡萄酒都不沾的人，这可怎么办好？但面对这情形，他不得不喝下这杯酒。接下来，简直是一发不可收拾，很多同事发现小刘并非想象中那么滴酒不沾后，就开始对他轮番轰炸，而小刘也不好拒绝。于是，当天晚上，小刘是被架着出酒店的。

案例中，小刘为什么不得不喝下老杨敬的酒？因为面对老杨的劝酒词，他无法应答，骑虎难下，他只能接招儿。实际上，有敬酒词，就有挡酒词。如：“酒量不高怕丢丑，自我约束不喝酒。”“万水千山总是情，这杯不喝行不行？”“一条大河波浪宽，这杯酒说啥也不干！”“我为大家唱支歌，歌声好听酒不喝。”“君子之交淡如水，以茶代酒也很美。”“锄禾日当午，汗滴禾下土，连干数杯酒，你说苦不苦？”

当然，面对别人的敬酒，我们可以应付的方法有很多，具体来说，我们可以这样做：

1.以委婉的语言拒绝

你可能根本不碰包括葡萄酒在内的各种酒精饮料，甚至被敬酒时也是如此。当酒传递过来时，你当然可以谢绝，比如在祝酒时举起装着苏打水的高脚杯。过去，除非是酒精饮料，否则不祝酒，但是今天各种饮料都可以用来祝酒。无论如何，你应该站起来，加入到这项活动之中，至少不应该极端失礼地坐在座位上。

2.巧设借口，离开饭桌

上厕所、接电话也是很管用的一招。为了避免醉酒，形势不对时，还可以把手机设个闹铃，过几分钟闹铃响，谎称自己接电话。对于女孩来说，就算会喝也不能喝多，即使能喝半斤量，也要让所有人都相信你只能喝三两多。不会喝酒，但是在大家劝说下，抿一下酒杯，这种女孩才是人们所欣赏和喜欢的。既保护了自己，又不失风姿，顾全了对方面子，还会让别人赏识。

密钥

拒酒的办法还有很多，要随机应变，兵来将挡、水来土掩。酒文化中既有劝酒词，也有拒酒词，你没有酒量，凭着你的机智和口才也可以在交际场上应对周旋，顺利推杯，游刃有余。这也应该作为我们交际应酬的原则，机智聪明的人始终能在酒场广结人缘，又能顺利抽身，然后让交际为其所用。

第16章　电话沟通，看不见的说话技巧

现代社会，越来越快捷的沟通方式已经逐渐被人们所认可，而多种多样的现代化交通工具也层出不穷。在这其中，最快捷、使用最频繁的就是电话，别以为电话交流是最简单的沟通方式，其实，不见面的沟通往往需要高效的口才技巧。

电话沟通，使用规范语言

在电话中交流与平时闲聊不一样，电话起到的主要是通知和沟通的功能，应该像书面写作或者正式场合的见面一样，要有一个规范的程序，至少讲话时要使用规范的语言，使电话沟通能变得简明、顺畅，给对方一个干练的印象。

怎样使用电话进行快速有效的交流呢？必须要遵守电话的使用规则，具体有以下几点。

1.选择合适的时间

当你准备给某人打电话的时候，首先应该确定一下这是不是打电话合适的时间。如果你是因为工作关系，向某位客户打电话，那就需要在白天上班的时间打；如果你是私人电话，除非是非常紧急的事情，否则你应该早上8点之后，周末应该推迟到早上9点以后，晚上则要在9点之前，以免打扰对方的睡眠。一般来说，中午也不是打电话的合适时间，因为有的人会有午睡的习惯。

2.打电话确认对方身份

打电话时需要再一次确认对方的身份，你应该说："请问，您是某某先生吗？"或"请问，这是某某的家吗？"等到对方肯定之后，再与之说明打电话的原因。如果你打错了电话，应该马上向对方致歉。电话交谈的时间，除了煲电话粥，一般不宜过长，以免影响对方工作。在与对方结束通话后，应该先等对方挂断电话以后，再把话筒轻轻地放下。

3.接电话做好自我介绍

接起电话或显示电话打通了，首先要彼此明确身份，在简单的问候之后，可以简单介绍说这里是某某公司，告诉对方你的身份，同时确定对方的身份。如果是私人电话，最好能告诉对方自己的名字和与对方的关系，否则如果遇到对方不熟悉你，就麻烦了。

这样做不仅仅有利于通话的顺利进行，更是对对方的一种尊重，也是一种礼貌的行为，同时确定一下对方是否是你要找的那个人或那个单位。

4.寒暄客套

确定了通话双方以后，最好客套一两句，比如"打扰您了"或者"很高兴能与您通话"之类的话语，客套不要过长，否则很容易引起对方反感。如果是电话推销或者进行比较长时间的通话，可以先问一下对方有没有时间或者是否方便。如果对方正有一个重要会议，你却在电话里东拉西扯，即使耽误一分钟，对方也会不高兴。

5.说正事要尽量简单明了、速战速决

电话用语一定要言简意赅，把需要陈述的内容用最简洁明了的语言表达出来，可以给人留下一个精明干练的印象。即使打私人电话也尽量先说正事，然后再沟通感情，让对方对你的正事先有一个印象，切忌说话吞吞吐吐、含糊不清、东拉西扯，语言要凝练，表达方式要明确，不要加一些"嗯""啊"之类的助词，或者说些套话。如果在电话里说不清楚的，或者需要占用过多时间的，最好先通知一下，然后告诉对方用电子邮件详述或者见面时候再详谈。

电话一般只起通知、邀约、无分歧沟通、小请求的作用，通话的时间不宜过长，一般以三至五分钟为好。电话销售顶多起到通知对方有东西或服务要销售，希望知道对方的空闲时间以便见面详谈的作用，不可能通过电话达成某些购买意向或完成大的项目。所以有分歧的沟通或请求最好不要通过电话进行，这也是对别人的一种尊重。

如果是私人电话，不妨再加上一两句联系感情的话，避免对方以为你打电话就为了说事，过于无情。如无必要，最好不要用电话长时间聊天，即使是亲人朋友也如此。

6.电话道别

在说“再见”之前，最好有一个暗示或者预警，比如“就这样”“某日几点在哪儿见面，然后再详谈，您看这样好吗”“这次通话很愉快”“请您转达，谢谢”这些话是通话结束的信号，也是对对方的尊重，总之最好不要说完事直接挂断电话。

密钥

电话交流讲究的是效率和明朗，最好能在打电话前做好一些准备资料。如果对方在电话中说不明白，可以直接用询问的方式，把重要事情弄清楚，总之不要啰唆和拖沓。

巧妙问候，为电话语言增色

以千篇一律的“您好”为开头的电话问候未免单调，但很多时候，自己也无法掌握最恰当的问候方式。在通话中，巧妙的问候可以为你的电话语言增色，还可以加强沟通效果，增进两个人之间的感情。现在就介绍一下在电话中如何恰到好处而简洁分明问候对方。

1.遵从自己的身份角色

无论是公务性、商务性还是私人电话，都要遵从自己的角色。

公务电话一定要加强服务意识，遵从职业角色，很多单位对接听电话如何问候、打招呼有严格的规定，如果本单位有接听电话规定，那就要严格执行，如“您好，这里是联想服务热线，某某号某某竭诚为您服务。”训练有素的职业问候会让拨打电话者感到信赖。宾馆饭店、会所、售后客服等等，也都有类似的接听问候规定，按照规定问即可。

如果是商务性质的电话问候，语气一定要轻松随意些，“你好”或者“下午好”是不错的开场白，没必要过于郑重地用“您”这个尊称，或者太过正式，否则顾客如临大敌，就得不偿失了。

私人问候最好问对方的身体健康状况，表达自己的关心，可以采用更随意一些的“嗨，某某”“最近还好吗”“一切都顺利吗”等问候方式。既显得亲切随意，又可以表达出自己的关怀、熟络之意，更适合自己朋友的身份。

2.对象不同用不同的问候语

如果是跟家里人、同事或者熟悉的朋友打电话，最好不要一板一眼地说“你好”，以免显得过于生疏或不欢迎对方，而可以用多种方式来问候。比如给好朋友家里打电话，如果是对方的男朋友接的，自己与他也比较熟，那就可以说“姐夫好”，或者直呼其名“某某啊，安安在家吗？”更加自然顺畅，熟不拘礼。

另外，如果关系到求人帮忙或者与职务较高的人打电话问候时，就不妨用职务问候，比如“马科长好”“李经理，您忙着呢”等等，更能体现自己对对方的尊重，也更能讨对方高兴。

3.不同时间可变换不同的问候语

除了普遍的“你好”之外，还可以根据时间的不同进行问候，早上7点到10点之间，可以问声早安，10点到12点间上午好，12点到14点间声中午好，下午2点到6点可以问下午好，晚上18点到21点间声晚上好。早上7点以前、中午12点到2点、晚上9点以后，如果没有急事，最好不要再给对方打电话，以免打扰他人的私人时间，当然私人电话除外。

在特殊的节日，问候可以变得更多样，比如“圣诞快乐”“春节好”等等。

4.通报自己的姓名或身份

问候完“你好”之后，应该马上通报自己的姓名或身份，以免给对方造成困扰。通报姓名也有窍门，如果对方和你比较熟悉，可以直接报出自己的名字，“我是某某”；如果对方对你的名字不熟，就要通报身份，“我是你肖阿姨”；如果对方对你的身份和名字都不熟悉，就要通报与他熟悉的人的关系，比如“我是某某的爱人”“我是你妈妈的好朋友”等等，对方才不会因反应不过来而造成困扰。

密钥

问候时一定要热情诚恳，让对方感觉到你的诚意。因此语气、语调一定要适中，不要过于大声（除非老人）或者有气无力，否则对方会认为你心不在焉或过于勉强，让接电话的人不舒服，沟通效果自然也会打折扣。

以真挚的语气，展现诚意

使用电话沟通，因为双方都看不到对方的表情，所以要比见面沟通更加不顺畅，更加充满戒备。怎样加强沟通的效果，让对方听到你的声音，即能理解你的意图和情绪?

1.注意语气

你的声音是充满青春活力的，还是有气无力、充满疲惫的；你的语调是高昂的还是低沉的；你的语气是诚恳、热情、亲切的，还是充满戒备和不满的，或是充满愤怒和不耐烦的，任何一种情绪都可能在自己的声音中表现出来。打电话之前，先要调节自己的情绪，确保情绪平稳，再用自然诚恳、亲切热情的态度和对方打招呼，就有了十分的诚意。

2.专注聆听

接听电话，应聚精会神，仔细聆听对方的讲话，并准确、及时作答，给对方积极的反馈。如果不清楚对方的意思，可以要求对方重复一遍或询问清楚。倾听时，应该适当有所表示，如“是”“对”“好”“请讲”“不客气”“我明白了”等等，少用语气词“唔”“嗯”等，否则会让人感觉你漫不经心。为了加强效果，可以复述对方的话，以确定自己理解的是否正确。

3.使用加强的语言

当你拒绝某件事，而对方拼命纠缠的时候，不妨加强词句中的坚决，“我已经有了一份类似的保障，绝不会再重复购买。”同时你的语气也要表现出坚决的拒绝，而不要用迟疑的语气，如“我大概不会买，你别再说了好吗？”接电话时用兴奋的声音说“接到你的电话真的很高兴（特别高兴）”都可以让你听起来更诚恳。

4.别做其他干扰的事情

我们常常会遇到这种情形，客服人员给你打电话进行某项调查，你甚至可以听到对方在做什么，翻纸声代表他没有事先准备好资料和表格，难道他以为你不会反馈有用的信息，甚至不会接受这次访谈？果然，对方开始说话，你甚至听出他语气中的有气无力；当你反映自己使用中遇到的问题时，他有点心不在焉，你似乎看到他在一边转自己手中的笔，一边听你诉说遇到的麻烦。对这种麻木和拖沓你愤怒了，即使对方再怎么保证“一定会尽量解决、改进”你也会放弃这家公司的服务。

5.不要隐瞒自己的不快

如果对方的语言引起了你的不快，为了表示尊重，不要针锋相对，但也绝不要委曲求全，“为了尊重您，我不会用同样的方式应对，但也请您尊重我的工作。”私人电话不妨这样表达“你的话很刺伤我，为了避免误会，咱们下次再聊吧。”这样的话能够为自己留一份自尊，也让对方心存歉意，比唯唯诺诺继续下去更容易获得他人好感。

密钥

与此相对，你打电话时，最好也要态度诚恳，表示尊敬，千万不要做与讲电话无关的事情。接电话前或刚结束电话最好不要谈论对方的是非，因为也许对方还没有挂机，刚好听见你出言不逊。也不要捂住听筒，说其他事情，那不过是“掩耳盗铃”。

电话沟通，请勿使用这些语言

在电话交流中，一些不确定或否定性的语言有着削弱沟通效果的缺陷，一定要小心应用，否则会给别人留下坏印象，影响你的形象。如果你想要让对方认为你是一个有担当、有分寸的人，你就应该尽量选用肯定句，至少不要运用以下的任何一句禁忌语：

1.不能直接否定

最好不要说“我不能”，而改换为“时间或场合不太方便，你看……好吗？”如果对你来说安排一个方便的时间，方便的场合或方便的方式是可以的，就不要说“我不能”，而直接将自己的建议阐述出来。如果想要拒绝对方，不妨说“谢谢，我不需要”“我暂时没有这方面的安排”。

2.不要传递没自信的信息

“我必须先和经理商量一下”，或者“我必须和财务核对以后才能……”显得你很无奈，你对自己没有自信或对工作和职位有抱怨态度，最好改为“我会尽快”和某人商量、联系、核对一下，尽快征询别人的意见，会显得自己更重要，也是一种承诺。

3.避免敷衍的言语

“我试试吧”，极像一种推脱、敷衍之词，言外之意是你只是尝试一下，甚至连尝试也不会。最好用“我尽力而为”，或者直接给对方一个期限“我会尽力，但不能保证结果，三天后如果我不能做到，就是真的无能为力了。”如果你不愿或不能做某件事，最好也不要用“试试”来敷衍对方，最好把话说明白“这件事在我的能力之外”或者“我不想这样做”。

4.不使用模棱两可的答案

如果你不知道，或者答案暂时还不明确，不妨用这样的语言“现在还没有确切答案，稍后再回答你可以吗？”或者“我会尽快确定答案，到时给你打电话。”“我尽快问清某人后答复你。”如果是你不确定自己那时是否有时间，有空闲，不妨这样说“如果方便，我会……”

5.以请教的口吻

你想请教的无论是别人的姓名还是某个问题，只要你开口了，就已经在请教了，不妨直接说“请问您……”如果不是不方便的问题，对方一定会直言相告。如果那是一个秘密，你再说“我能”的时候，就已经犯了对方的忌讳。

6.不使用质问或审问的语气

质问、审问的语气是最糟糕的沟通方式，容易伤害到别人的自尊心，不妨改为建议的语气“我建议您”或者“我能知道您的真实想法吗”。

7.坦白沟通

比如，“直白地说”“坦白地说”“实情是这样的……”会让听者感觉到你的坦白和干脆。

8.谨慎使用“骚扰”这个词语

要对方的联系方式，无论是电话、地址还是传真、邮箱，最好不要这样说“我不会轻易骚扰你的”，不妨直接说“方不方便给我个电话”。就算你想表明你绝不轻易打对方的电话，最好也要用这样的后缀“我不会轻易打扰您的”。因为骚扰电话，骚扰邮件实在是太令人讨厌了，以至于听到这个词就会接收到这种暗示。

密钥

在电话中讲话，一定要首先考虑听话人的感受。不妨用角色互换的方式想一想：如果对方这样说话，你会认为他是怎样一个人？有助于自己的形象塑造，有助于有效沟通吗？然后再去说，就不会犯这些禁忌了。

第17章　谈判沟通，占据主动步步为营

美国著名的谈判专家荷伯·科恩说："世界是一张巨大的谈判桌，每个人都有可能成为谈判者。"事实上，谈判是每个人日常生活中不可缺少的活动，不论你是否喜欢，我们都是坐在谈判桌上的谈判者。

打好太极术，四两拨千斤

生活中，人们进行谈判，都会尽可能地为自己和所代表的利益团体争取利益，于是，讨价还价以及拒绝就在所难免。对于对方发出的谈判招数，高明的谈判者都能巧妙接住，并且能在悄无声息之间进行反击，使谈判主动权迅速交付到自己手中。也许一些谈判者会发出感叹，如何才能做到这一点呢?

其实很简单，这里还考验谈判者的说话水平——你需要使用太极语言，巧用四两拨千斤的手段加以反击。而"四两"之所以能够"拨千斤"，最主要的就是找准用力点，而且这是最有影响的点。找准这个点后，再发力时，就能起到"拨千斤"的效果。

当时，东周为了发展农业，提高农作物的产量，准备改种水稻。西周在高处掌握着水的资源，知道东周改种水稻的消息，坚持不给东周放水。东周非常着急，于是发出话来，谁能去说服西周放水，国家就给予重奖。这时，苏秦的弟弟苏代就自告奋勇去说服西周。他到了之后就对西周人说："我听说你们不给东周放水，这个决定可是不高明啊。"西周人问："怎么不高明

呢？”苏代说：“你们不给东周放水，他们就没有办法改种水稻，只能改种小麦。这样，他们就再也不用求你们了。你们和东周打交道也就没有主动权了。”西周人问：“苏先生，以你的意见怎么办好呢？”苏代说：“要听我的意见，你们就给东周放水。让他们顺利地改种水稻。改种水稻就常年都需要水，这样，东周的经济命脉就掌握在你们手里了。你们一断水他们就完蛋。他们时刻都得仰仗你们，巴结你们。”西周人听了觉得有道理。不但同意给东周放水，还重重奖励了苏代。

在风云变幻的谈判桌上，双方唇枪舌剑，犹如刀光剑影。谁都想尽快探知对方底牌，争取最大利益，掌握谈判主动权。在这场据理力争、高智商的商务谈判中，谈判者一定要学会运用太极语言，以柔克刚，以软化硬，用智慧和柔术进退自如，攻守得当。

一天，某公司的除草机销售员坐在公园的长椅上一边啃着干面包，一边读着报纸。突然，他眼前一亮。原来报纸上报道了总统的小花园的消息，他灵机一动，“腾”地站了起来。他回到家后，就立即写了这样一封信：

“亲爱的总统先生：

您的花园真是不错，但是草都已经长高了。我知道您工作实在太忙了，没时间打理，而您的妻子需要照顾孩子。我想，作为一个普通公民有义务代表所有公民为您做件事：一部除草机可以帮您减轻您和您妻子的负担……”

结果，总统看了这封信后，被他的话感动，于是就买下了一部。这件事引起了强烈的震动，人们都知道了总统用的什么牌子的除草机。于是，这款牌子的机器一时间供不应求。

在以后的工作中，他找到了这个窍门，而且每次都会见效，他的业绩也迅速提升。

这里，这位推销员的智慧之处就是，他让总统购买自己的机器，从有影响力的人物开始打开销路。这就是四两拨千斤的作用。在谈判过程中，谈判者也大可以运用这一语言技巧。

1.每个决策须深思熟虑

这里要求谈判者在谈判中说话要深思熟虑，不能顾此失彼，更不可前后矛盾。对说出的关键词、关键数字和关键性问题要牢记不忘。在讨论其他问题甚至闲聊时，也要避免说出和这些关键问题相矛盾的语言，否则将会引起对方的猜疑而导致被动。同时，尽量不要按照对方的思路走，要千方百计把对方的思维引导到你的思维上来。

2.懂倾听之道

谈判是面对面的交谈，因此，谈判中有一半左右的时间要听对方说话。常言说："锣鼓听声，听话听音。"能不能听出对方的"音"，听了能不能做出正确地分析和判断，能不能找出对方的软肋或破绽，从而拿出应对的策略，这些都是能不能实现谈判目的的关键。

3.让对方多说

不要打断对方，让对方多说，不要怕没有说话的机会。在对方有一种"言多有失"的警觉时，要尽力地循循善诱。高明谈判者不仅善于倾听，还善于在不显山露水的情形下，启发对方多多地说、详细地说。重复对方的讲话，最好把他们要说的话、想说的话尽量地都让他们说出来，以显示出你曾认真倾听了他的谈话，还要尽量判断出对方真实意图和水分，然后根据自己的原则立场，拿出一套应对的谋略。

4.保持举重若轻的轻松姿态

所谓举重若轻，就是一种轻松的谈判姿态。即使面对的是重大的问题、难点或者分歧较大的问题，也要保持这样的姿态。因为这样就不至于把谈判双方的神经搞得过于紧张，甚至引发谈判的僵局。相反，所谓举轻若重，就是面对那些鸡毛蒜皮的小问题，也表现出一副极其认真负责的态度去洽谈。这一是表明认真负责的谈判态度，二是可以利用这些小事冲淡或化解关键的分歧。如果在关键问题上谈不去的时候，也可以采取迂回战术。有时候，这些方法只要利用得当，也能达到同样的谈判目的。

密钥

如果你喋喋不休地向谈判对手阐述自己的观点，那么换取的也可能只是对手喋喋不休的回应。如果你能打好太极术，攻克其关键点，那么整个谈判也就能攻克下来了。

绵里藏针，打好心理战

语言是人们进行思想情感交流的重要工具，而语言的表达方式则是多种多样，时而柔和，时而犀利，时而强势。在这其中，“舌战”是人们语言的激烈形式之一，同时，舌战也是一场智力的较量。这时候我们需要运用“犀利”的语言，适时说一些“硬话”。

犀利的语言是指在语言表达的内容中有比较犀利的成分，相应地对语调、语气都有特殊的要求。把犀利的语言隐藏在话语中，真正击中对方的要害，使其有所顾忌，令其知难而退，最终达到征服对手的目的。

春秋时期，秦国准备袭击郑国，走到滑同时，这个消息被郑国的商人弦高知道了。弦高原打算去周国做买卖，但他不忍心自己的国家蒙受损失，便打算劝秦国主将改变主意。弦高知道，如果以硬对硬，肯定会适得其反。于是，他带着4张熟牛皮作礼物，又赶了12头牛去犒赏秦军。他故作恭敬地说：“我国国君听说您将行军经过敝国，特地派我来犒劳您的随从。”

虽然弦高这话说得十分客气，但字里行间却透露出强硬的语气，他的弦外之音是“你们要偷袭郑国，但这个消息已经走漏出去了，郑国早已经有了准备。由于秦强郑弱，郑国才派出了使者慰劳秦军，以尽礼仪之道，如果秦国不识相，那就只好兵刃相见了。他那软中带硬的语气，无一不透露出犀利的意味，言语中带着比较强硬的成分，令秦军刮目相看。”

吴仪曾说：“我从没想到要投身政治，只想做个企业家。”1967年，29岁的吴仪初到燕山石化。她凭着一股子干劲，从开推土机，到做技术员、工程师，再到出任厂长、经理……人们曾以敬佩的口吻说：“她几乎是从男人堆中干出来的。”

在国际谈判桌上，吴仪以其机智、干练和强硬，赢得“中国铁娘子”的美誉。1991年，中美进行知识产权谈判。一开场，美国人态度嚣张：“我们是在和小偷谈判。”吴仪闻后，立即予以反击：“我是在和强盗谈判，请看你们博物馆里的展品，有多少是从中国抢来的！”她犀利的语风让对手意识到“这个女人不简单”。美国前商务部长埃文思评价她说：“她总是面带微笑，可这微笑中能让人感到她的坚强神经和工程师般的思维”。

美国《福布斯》杂志连续三年把她列在“世界一百位最有影响力女性”的前三甲地位。吴仪，这位共和国历史上第三位女副总理、中国权位最高的女性，曾多次被冠以“铁娘子”“时代女性”“拼命三郎”等称号。吴仪那惯用的强硬的谈判语言，以及干练的谈判风格，令谈判伙伴对她刮目相看，同时，也让我们理解了为什么人们对她冠以“铁娘子”的美誉。

1984年，里根为了竞选总统，与对手蒙代尔展开了一场电视辩论。在辩论中蒙代尔自恃年轻力壮，竭力攻击里根年龄大，不适宜担此重任。里根回答说：“蒙代尔说我年龄大而精力不充沛，我想我是不会把对手的年轻、不成熟这类问题在竞选中加以利用的。”如此一句绝妙的回答立即博得全场的热烈掌声。辩论结束之后，里根胜利地当选总统。

面对蒙代尔的攻击，作为年长者的里根如果以牙还牙，开口大骂，这样会有失身份，但如果装聋作哑，那么在蒙代尔的锐气面前又显得气势低下了。于是，里根客气地予以了反击，犀利的语言中抨击了蒙代尔作为年轻人的浅薄和狭隘。貌似客气的一番说辞，却毫不客气地、一针见血地指出了对方的不成熟，有力地反击了对手，在观众面前树立了自己更能胜任总统的印象，使得自己最终赢得了胜利。

当谈判者遭遇对抗性的谈判，在自己一方占绝对优势、掌握主动权时，或被逼上梁山、准备背水一战时，不妨采用强硬的谈判语言，不过不宜滥用。假如在商务谈判中遭遇强硬的对手，可在语言上针锋相对，据理力争，坚决不示弱，先打消对方的气焰；也可以柔克刚，避免矛盾激化，令对方不好意思强硬到底，从而改变说话的态度，以便谈判顺利进行。

1.柔中带硬的语气

为了使整个语言表达彰显出犀利的语风，我们在说话时需要使用柔中带硬的语气。换句话说，我们说话的态度是柔和的，但话语中却包含着强硬的成分。这样犀利的语风会令对方刮目相看，比如“听你这么一说，我确实没有见过你们这样独特的礼貌方式”。

2.巧用“绵里藏针”

我们在说话时需要巧用“绵里藏针”，关键在于你的“针”既要硬，又要扎得准，这样才能击中对方的要害，令其刮目相看。

3.委婉含蓄的表达

犀利的语风隐藏在字里行间，不需要直接用强硬的话说出来。因而，我们在进行语言表达的时候，需要使用委婉含蓄的表达方式，不令把话说得很艺术，又能对他人心理造成影响，让对方明白你话里的锋芒所在。

密钥

在谈判过程中，我们经常会使用到一些强硬的谈判语言。通常谈判者将商讨看成是一种智慧、意志与口才的较量，不把对手看成合作对象，而是当成敌人。在某些特定的谈判场合中，立场越坚定、语气越强硬，压倒对方大获全胜的可能性就越大，机会就越多。

找准弱点，攻其软肋

中国人历来相信事在人为，几乎所有的事情都是人做出来的，因此人与人相处则要以人为主。如果理念不同，人们之间很容易产生“道不同，不相为谋”的隔阂。不过，问题是那不同的理念又来自哪里呢？无非是人与人的性格、脾气不同，所以才会产生不同的想法和办事风格。

然而，每个人都是有心理软肋的，也就是说存在一些性格缺点。基于这样的道理，在实际谈判中，假如我们想要操纵一个人的心理，不妨先了解其性格，再通过对其心理软肋展开攻势，方能达到操纵他人心理的目的。

在赤壁大战之后，曹操败走。对于曹操的逃亡路线，诸葛亮料事如神，料定曹操一定会走乌林，取道荆州，由华容道回许昌，结果真的是这样。

对于诸葛亮猜测正确，人们大多会说诸葛亮料事如神，神鬼莫测，还会作法借风，差不多是鬼神之道，难以揣测。实际上也没这么玄乎，他的神奇也是有章可循的。对曹操逃亡路线的猜测，诸葛亮是基于两个方面：一是对地形的熟悉；二就是对曹操性格的了解。特别是料定曹操走华容道，假如仅仅从地形角度考虑，就会得出相反的结论。这是对曹操性格的了解才使诸葛亮作出这一判断的。

看过三国的人都知道，曹操的性格弱点是多疑。当时，摆在他面前的是两条路：一条是宽敞的大路；一条是崎岖的华容小道，华容道不是一般地难行，需要伐木叠桥。而且远远的看见华容道的高山之处有烟火，就好像有伏兵。不过，曹操多疑，他认为那是诸葛亮故意搞鬼，放烟火吓人，认为真正的伏兵是藏在大道旁，于是，他最终选择了走华容道。从这里看出，诸葛亮对曹操狐疑的性格可以说是了如指掌。

说到三国，我们不得不说一个因性格缺陷而死的人物——周瑜。俗话说：“性格决定命运。”人们在关键时刻所做的决策往往是由其性格所决定的，而其决策则促成其命运。周瑜不聪明吗？火烧赤壁退百万曹兵，他可算是一代奇才，不过，他眼里终究容不下一个诸葛亮。如果说周瑜是诸葛亮害死的，否也。那是他自己的性格软肋害死了自己，诸葛亮只是起到了推波助澜的作用。周瑜临死还质问老天爷：“既生瑜，何生亮？”

1.了解对方的性格

在日常谈判中，我们要善于用各种方法去了解对方的性格，尤其是特别全面的性格。但凡是人，其性格都有其缺陷、弱点，只要我们能利用这个软肋，那就一定能顺势操控这个人的心理，从而达到自己的目的。

2.对方是有弱点的

每个人都会有弱点，每一个弱点都可能让谈判双方获得更多的利益，尤其是一些可以对此次谈判造成致命影响的弱点，谈判一方一旦获得就可以掌握着绝对的主动权。因此，谈判中要通过各种途径获得对手的弱点，这些弱点可以是谈判者个人的，也可以是对方这个谈判团队的。在所有的弱点中，对方的真正需求是最大的弱点，弱点就是软肋，等其让步就只是时间问题。

3.抓住对方软肋，掌握主动权

一个人的心理是强大的，但并不是说其心理是不可战胜的。只要我们寻找到其心理软肋，就可以从中下手，然后轻松瓦解其心理防备，从而促使整个谈判朝着利于我们的方向继续下去。

当然，在抓住对方弱点时，有一些弱点可以直接向对方挑明，有些弱点可以不挑明，尤其是涉及到对方秘密的信息，就不宜挑明。抓住对方的弱点，我们可以强硬地坚持自己的谈判立场和价格，对方总是会让步。当然，假如对方的弱点也是自己的弱点，那就需要及时做出让步，争取主动，否则就会流失客户。谈判主动权是指在当时的条件下以最有利的条款和自己想要的客户尽快地签约，而不是固执地坚持原则。

密钥

谈判双方没有买与卖的真正需求就不会坐在谈判桌前，一个人只要有需求，就会有弱点。有的谈判者假装自己没有真正的需求和你谈判以争取主动，在这时我们就需要用判断力去识别真伪，需要仔细分析细节，洞悉对方的真正需求。所谓“无欲则刚”，但反过来，有欲望就会有软肋，有软肋我们就有机可乘。

引导对方按照自己的思路走

在日常谈判中，假如对方有存在问题的地方，你仅仅需要提出建议，让对方自己发现问题的所在，从而通过思考来解决出现的问题。这样既帮对方解决了问题，还让别人拥有了一种成就感，何乐而不为呢？泰勒是著名的工程师，他曾经对自己的雇员使用这种方法，他说：“让他们以为是他们自己构思出了那些别人逐渐灌输给他们的思想。”这样既达到了谈判成功的目的，又很好地维护了他人的自尊心，从而增强他人的成就感和自豪感。

在日常谈判中，巧妙的谈判对于业务的成功、赚取利润的多少，甚至对于自己未来的事业发展都有着很大的影响，甚至是决定性的影响。在商务谈判中，在进入会谈阶段之前，谈判双方在心中就已经有了一个大致的目标和方案。而在谈判中最重要的，就是可以把握好这个关键点，控制好谈判的进程，让谈判朝着有利于自己的方向发展。在准确判断对方的意图后，再按照自己的原则立场，拿出应对的谋略。同时，设法把对方思路引向自己的策略中来，这样才能游刃有余，掌握谈判的主动权。

赫斯特年轻的时候，在旧金山开了一家规模比较小的报社。一次，适逢著名漫画家纳斯特来到旧金山，赫斯特就想请他帮助自己完成一个非常重要的计划：他想发动人们敦促电车公司在电车前面装上保险杠。就请纳斯特按他的构思给他画了一幅漫画，可纳斯特给他画的第一幅画却令他不满意。纳斯特是著名的漫画家，自己又很难说动他，如何才能让纳斯特心甘情愿地为他重画一幅漫画呢？

一天晚上，在他们共用晚餐时，赫斯特大大夸赞了那幅漫画。接下来，赫斯特又说："这里的电车已经造成许多孩子或死或残。有时候，我觉得那些开车的司机就像吃人的妖精一样，根本不像人。他们好像从来不会思考，总是直接冲向那些在街上玩耍的孩子们。"纳斯特立即跳了起来，惊讶地嚷道："天啊，先生，我保证可以画出一张出色的漫画，请把原来的那张撕掉吧，我重新再画一张。"

于是，纳斯特兴高采烈地在宾馆挥舞着画笔，按赫斯特提供的思路，一直忙到深夜。第二天，他果然送来了可使电车公司屈服的杰作。

纳斯特是在赫斯特的巧妙诱导下主动请求重画的，还按照赫斯特的想法辛苦了大半夜，重新画了一幅漫画。在纳斯特自己想来，他甚至以为是自己无意中有了一个绝妙的构思。聪明的赫斯特就是这样不动声色地用这种暗示的方法把自己的思路传递纳斯特的头脑中去的。

每个人总是尽可能地去表达自己的思想，如果你想让他愉快地接受你的意见和计划，最好是让他觉得这一切都是自己的想法，相信一切都源自他们自己的创作，而不是按照他人的思路。不漏痕迹地把自己的思想植入他人的脑中，使得他完全心甘情愿地为你效力，最后他还会以为这个想法是他自己的。

多年以前，在以色列，一位从战场凯旋归来的将军回到了自己所在的城市。于是，他在这个城市的社交界身价倍增，一时之间成为众多贵妇追逐青睐的对象。但是，这位久经沙场的将军对此却并不热衷，而且还比较厌恶。但是，总有一些人对他紧追不放，纠缠不休。有一个在当地颇有名气的女记者，几个月中一直给这位将军写信，想结识这位风云人物。

在当地政府特地为将军准备的一次舞会上，这名女记者手上拿着桂枝，穿过人群，迎着将军走来。将军躲闪不及，与女记者撞个正着。于是，女记者把一束桂枝送给将军，将军绅士般地笑了笑，言语十分恳切地说道：“应该把桂枝留给缪斯。”这时女记者认为这只是将军想打破歉意氛围的一句玩笑话，所以她并不感到尴尬。

随后她继续努力地寻找话题与将军交谈，将军出于礼貌也不好生硬地中断谈话。女记者问道：“将军，您最喜欢的女人是谁呢？”将军回答说：“是我的妻子。”女记者继续发问：“这个太简单了，您最器重的女人是谁呢？”将军回答说：“是最会料理家务的女人。”女记者再问：“这我想到了，那么，您认为谁是女中豪杰呢？”将军回答：“是孩子生得最多的女人，夫人。”他们就这样审讯犯人般的一问一答，气氛令人窒息，自然是越谈越没有进行下去的必要。

女记者感到局促不安，也不想再自讨没趣，只好转身离去。

实际上，“顾左右而言他”，既不答应，也不拒绝，就是不切入正题，是一个智慧的谈判方式，是在面临僵局时又不得不把谈判进行下去的一种计策。一旦时间久了，对方就会失去耐性，那你的目的也就达到了。

要让对方觉得正确结论是他自己得出来的，就不能直接去点破错误、失误之所在，而是用征询意见的方式，向他人讲明其决策、意见本身与实际情况不相吻合，使他人在参考你所提出的许多意见时，自己得出你想要说出的正确结论。这样一来，我们仅仅提出意见，就能使他人得出正确想法，我们也会因为他人正确的决策而受益，他人则会因为这个想法是他自己的而自豪不已。

1.引导对方按照自己的思路走

戴尔·卡耐基曾经说过：“如果你仅仅是提出建议，而让别人自己去得出结论，让他觉得这个想法是他自己的，这样不更聪明吗？”有关社会学家的研究成果已经表明，人们对于自己得出的看法，往往比别人提出的看法更加坚信不移。

因此，我们要想使自己的想法被别人接受，在许多时候应该仅仅是提出建议或意见，留给别人自己去得出其中所蕴涵着的结论,而不宜越俎代庖，硬把自己的意见往别人头脑里塞。让他人觉得正确结论是他自己得出的，可以说是我们向他人提出意见的最高艺术。它将所表达的意见，用巧妙的形式表现出来。

2.不战而屈人之兵

孙子云：“不战而屈人之兵。”孙子认为，能够百战百胜，还不算是最高明的将帅；只有不战而使敌人屈服，那才称得上是最高明者。同样的道理，在谈判中以智取胜：巧妙提出自己的观点，让对方发现问题，并通过思考来解决出现的问题，让他人觉得那个想法是他自己的。这既容易达到谈判的目的，又会最大限度地保护了他人的自尊心。

密钥

在谈判过程中，当我们发现对方的决策、意见不妥当的时候，不妨向他人提出一些建议、忠告。最高明的技巧是既提出自己的见解能够让他人采纳，又让他人觉得这个见解其实是他自己的想法，即是让人毫不察觉地把自己的想法传达至别人的大脑，并使之接受。

第18章　面试沟通，展现多彩自我

在面试过程中，所谓的高学历只是一个敲门砖而已，如何与面试官沟通才是是否被聘用的关键所在。有效的面试沟通，并不是简单的按部就班的沟通方式，而是需要有技巧的沟通，有问有答才能显示自己的能力。

给面试官留下良好的第一印象

一个人的形象魅力大多体现在第一印象上，何谓第一印象？第一印象是两个陌生人相见时的最初印象，是通过对他人衣着、谈吐、风度等方面的观察给对方作的初步评价。第一印象对人的整个形象形成来说举足轻重，因为它往往是继续交往的根据。简单地说，能否给他人留下良好的第一印象，往往决定着你是否能赢得他人的好感。这是因为第一印象一旦建立起来，对后面获得信息的理解和组织会有强烈的定向作用。由于人们具有保持认知平衡与情感平衡的心理作用，他们更倾向于使后来获得的信息的意义与已经建立起来的观念保持一致，而人们对于后来获得的信息的理解，往往是根据第一印象来完成的。

所以，在面试沟通中，我们要时刻保持一个得体、优雅、文明的外在形象，给他人留下一个良好的第一印象，在见面的一瞬间赢得对方的好感。

阿东是公司的人事部经理，面试过上千人，为公司发掘了不少优秀的人才，不过，阿东非常看重一个人的第一印象。

有一次，阿东无意中看见了一个应聘者的简历，高学历、出色的工作履历让阿东这个阅人无数的经理也心动了。还没有见到那个人，阿东已经给他打了很高的分数，甚至，求贤若渴的他推迟了其他的工作，专门为这个应聘者安排了一场面试。

这天中午，在约定的面试时间里，阿东见到了那位优秀的应聘者，只见他身穿浅黄色的衬衣和灰色西裤，头发有些凌乱，胡须也没有修剪。这样的形象顿时让阿东大跌眼镜，这和想象中的样子差距也太大了吧。在阿东的指引下，面试者在对面坐了下来，这正值盛夏季节，一股怪味扑鼻而来，阿东寻找源头，发现竟是从对面那个人身上发出来的。阿东仔细打量，发现面试者身上本来穿的是一件白色的衬衣，但由于汗渍长期的积累而泛出了黄色，就连深色的西裤也依稀看到汗渍和油污。这时，阿东心中的好感已经荡然无存。简单地聊了几句就结束了面试，而阿东决定了不再录用他，尽管内心觉得很遗憾，但他坚信自己的判断。

虽然我们常对自己说“不要以貌取人”，但几乎所有的人都无法做到这一点，而且很多人习惯在初次见面就以貌取人。所以，在日常交际中，我们的服饰、发型、手势、声调和语言等自我表达时刻都在影响着他人对你的判断，不管我们愿意与否，我们都在留给对方关于自己的印象。有的人认为自己有实力了，只要自己能力强，工作表现好，肯定会赢得上司的好感，其实并不是这样。一旦自己与他人能力差不多，表现也都出色的时候，你的第一印象将显得格外重要。

那么，怎么样才能给人留下良好的第一印象呢？

1.外表装饰

虽然，一个人的相貌是自己无法决定的，但服饰完全取决于自己。俗话说：“三分长相，七分打扮。”我们的服饰装扮遵循整洁、得体、自然的原则。另外，还需要注意细节修饰，有的人穿名牌衬衫，但从不熨烫，有的人脚穿名牌皮鞋但从不擦干净，这些都会让你的完美形象大打折扣。

2.行为举止

一个人的动作常常令他的气质、性格表达得淋漓尽致，这就要求我们注意自己的行为举止，待人接物面带微笑，注意分寸和距离。尤其是与异性交往，举止不可轻浮，以避免不必要的误会。

3.得体的语言

在面试这样的正式场合，不要随便说“哎哟”“噢”之类的感叹词，这些词说多了会令人生厌。说话之前要思考，不要信口开河，这样给人一种不诚实、不认真的感觉。另外，我们要准确、清楚地表达自己的意见，避免使用粗俗的话语，避免尖刻、损人的谈话，也不要为抬高自己而故意贬低他人。

密钥

面试的主要目的是赢得他人的好感，而首先就是要留给他人良好的第一印象。其实，我们给别人的第一印象是可以自己修饰的，这是通过对自己装扮、语言、表情以及动作的约束来影响和改变他人对自己的印象。

当众面试，自我介绍要眼前一亮

在步入职场最初的一次公开说话，就是应聘工作时的面试环节。而在当众面试时，我们必须要通过的一个环节就是自我介绍。自我介绍是向公司领导展现自己的一个重要手段，自我介绍好不好，直接关系到你给公司领导的第一个印象以及以后与之交往顺利与否。自我介绍是面试中极其关键的一个环节，由于“前因效应”的影响，这短短的两三分钟的自我介绍在某种程度上决定着自己在各位考官心目中的印象。

在面试中，通常会让面试者作一个简单的自我介绍，时间一般在两三分钟左右。自我介绍是一个展现自我的机会，作为面试者，需要全面把握自己，同时需要突出自己的优点和特长，有相当的可信度，尤其是具有实际经验的人要突出自己具体在哪方面有优势，最好是通过自己做过什么样的项目来验证一下；需要展示自己的个性，突出鲜明的个人形象，你可以利用老师或朋友对你的评价；需要用事实说话，不能太夸张，少用虚词，感叹词。除此之外，在进行自我介绍时需要符合常规，符合逻辑，讲话内容层次分明，重点突出，逐渐展现自己的优势，而不是一上来就罗列自己的优点。

这是一位护士在面试时的自我介绍例文：

本人于1985年毕业于某某省天水卫校护理专业，同年7月分配至某大学第一医院，工作至今。曾在心血管、小儿科、普外科和肿瘤科轮转工作过。2002年10月在全院进行的护士长竞聘上岗竞选中，以良好的优势竞聘为小儿科护士长。

17年来，本人一直辛勤工作在临床护理第一线，深知广大患者的疾苦和需求，深切体会到护理工作的繁琐及责任重大，也感受到了垂危的生命从死亡线被抢救过来的喜悦。本人年富力强、技术精湛、服务态度热情周到，率先倡导人性化护理的服务理念，特别在心理护理和健康宣教方面，有着较为丰富的临床经验。本人个性开朗，热情耐心，协作能力较强，有良好的人际关系及语言交流和沟通能力，易于开展病房的管理工作，符合时代对管理人才的要求。

本人的服务宗旨是，热情、耐心、关爱、创新，尽我所能满足患儿需求。我将用榜样的力量带领全科护士为患儿创建一个温馨、安全、优质、高效的就医环境。

这称得上是中规中矩的自我介绍，在整个讲话过程中，没有太多的亮点，只是介绍了自己过去的经历以及为人处世的态度。对于这样的自我介绍，我们说不出哪里不好，但是太过于规矩，无法给人耳目一新的感觉，将注定被面试官遗忘。

那在实际面试中，如何才能让自我介绍打动面试官呢?

1.清楚地了解自己

在自我介绍之前，我们需要对自己有一个清醒地认识，问自己“你现在是干什么的”“你将来要干什么”“你过去是干什么的”，你需要从现在到将来再到过去。首先，你需要将自己与别人区分开来，强调自己的不同点，这会让你在众多的面试者中脱颖而出；其次，要有未来的自我设计，对未来的规划要合理、具体；最后，找到过去经历中与未来的联系点，从这开始谈起，会让面试官有一个更深刻的印象。

2.投其所好

当你清楚自己的强项之后，需要准备自我介绍的具体内容，包括工作模式、优点、能力、显著成就、专业知识等等。虽然优点很多，但你只需要谈一些与该公司有关的内容。假如是一家电脑公司，你应该说一些电脑方面的能力。

3.内容的排序

自我介绍内容的排序是很重要的，内容的编排方式决定着你是否抓住了面试官的注意力。因此最开始说的应该是最想让面试官记住的事情，而这些事情通常都是你的得意之作，或者列举一些你的相关作品或记录，以此增加你的印象分。

密钥

自我介绍将是你所有工作成绩与为人处世的归纳，当然也是你接下来面试的基础，因为考官会依据你自我介绍中的内容来对你进行适当的提问。因此，如果你想在面试时给考官留下一个深刻的印象，那可以将主要的工夫放在自我介绍上。

言行间展现绝对的自信

爱默生曾说：“自信是成功的第一秘诀，谁相信自己的能力，谁就能征服世界。如果做一件连自己都担心不能成功的事，那么失败的结局在所难免。”在这个世界，除了你自己以外没有人能欺骗你，没有人能阻止你最终走向成功，这就是自信的力量。其实，自信不仅仅是成功的第一秘诀，更是征服人心的利器。

有这样一句话：“人活着，或许有不少人值得欣赏，但你最应该欣赏的人应该是你自己。”当你对自己充满自信的时候，别人的眼光也会被你吸引，在不知不觉间，对你产生莫名的好感；相反，一个内心充满自卑的人，在他身上所显现出来的是颓废、迷茫，毫无形象魅力，自然也就没有办法获得他人的好感。自信产生的巨大力量推动着自己走向成功，与此同时，自信也能够很好地打动面试官，从而赢得职位。

在一次面试中，人事部经理看到了这样一个女孩，当他问道：“你只不过是一个专科生，怎么会到我们这样的大企业来面试呢？你不知道，我们录用人员的最低学历都是本科吗？”那女孩一点也不胆怯，而是自信地说：“我相信你会给我一个机会的，因为我对自己很有自信。”经理看了看那张年轻的笑脸，嘴里竟说不出拒绝的字眼，他继续问道：“可是，你所学的专业是计算机，而我们所需要的是销售人员，如此截然不同的两个专业，你怎么能保证你能胜任这份工作呢？”女孩坦率地说：“是的，计算机和销售是两个不同的专业，但是学计算机的也需要与人打交道，而这恰恰是销售人员所需要的能力。而且，我从来不否认自己在与人沟通这方面有过人的能力。”

经理笑了，这个女孩太有自信了。经理有些挑衅地问道：“可是，你的自信来自于哪里呢？”女孩微笑着说：“我的自信跟你的自信一样，你能坐在这里面试我，你是一位自信的职业经理人，而我作为一名来面试的应聘者，我对自己很有自信。而我的自信来源于我知道自己能做什么，不能做什么。”就这样，经理当即决定了录用这位女孩。后来，他对那位女孩说：“虽然你的学历并不是最好的，但你的回答却是我最满意的，你的自信打动了我，而我明白，一个自信的人是有足够的能力去干一些事情的。”

虽然她在各方面的条件都不如一起前来面试的人，但是女孩的自信却是无人可比的，而恰恰是这份自信打动经理，也使她获得了那份工作。在生活中，那些对自己充满自信的人，他们身上有着一种非凡的魅力：神采奕奕，精神百倍，任何时候都给人一种活力四射的印象。如此的形象魅力，可以很好地打动他人，从而赢得他人的好感。

在日常生活中，一个人在与人交谈的时候，面无表情、没有动作是不可能的，尤其是当一个人对自己有些不自信的时候，他们的手部往往会情不自禁地做出一些泄密的小动作。现代科学研究表明，手是人体中触觉最敏感、肢体动作最多的部位。那么，我们完全可以通过观察一个人说话时的手势动作，以此来捕捉对方内心潜藏的信息。而且，手势也是可以展露一个人内在信心的，那可以称之为“自信的手势”。如果一个人对自己充满了自信，那么，他的这种心理会通过手势表现出来，达到彰显自我的目的；相反，若是对自己缺乏应有的自信，这样的心理也会在手势中展露无遗。

没有来得及找好下家就辞职的小王，这段时间正忙着赶场面试。这天下午，他接到了两个面试通知，都是他比较喜欢的工作。于是，他把一家公司的面试安排在上午，而另一个安排在下午，中午还能吃个饭休息休息。

可是，等到面试那天，小王却破天荒地睡过了头，起来的时候已经九点半了。他急忙洗漱，整理面试资料，等赶到公司已经是十点半了。他刚气喘吁吁地坐下，经理就走了进来，没说两句，公司副总也走了过来，想看看这里的面试情况。

顿时，小王的紧张感一下子就到了顶点，在介绍自己工作经验时不自觉地摸自己的鼻子，尽管他并没有感冒，也没觉得自己鼻子有多痒。副总脸上露出了不耐烦的表情，小王心更慌乱了，本来自己昨天还做了准备工作的，可是一紧张什么都忘记了。一会儿，副总就出去了，剩下的面试官问了几个无关痛痒的问题，就匆匆结束了面试。小王明白，这次的面试完全让自己搞砸了。

一个人在说话的时候摸鼻子，给人的第一印象就是不太自信，而小王正是因为这个小小的动作而失去了一份好的工作。如果小王手心向上，两手向前伸出放在腿上，手的位置基本上与腹部等高，这样的姿势就给面试官一种坦诚的感觉，并使对方觉得你充满着热情与自信。当然，在面对他人的时候，手势不能自信过头，以至于让人感觉容易受到攻击。比如，将双手握得太紧，手指交叉，这就会给人握紧拳头想要打人的感觉。

那么，哪些才能算是自信的手势呢？

1.塔尖式手势

塔尖式手势就是指将双臂放在桌面上，十指对应相抵，与拜佛的手势极为相似，但掌心是分开的。心理学家认为，那些自信的人经常会用到这样的手势，以显示自己的高傲情绪。有时候，上级对下级，也会出现这样的手势，所向下级传递的信息是“情况早在我的意料之中”。另外，这一手势在从事会计、律师等行业人身上，也使用得比较普遍。

2.热情而自信的手势

当我们向人们解释某些问题的时候，让你的两只手自然地放在一起，或采用手心向上的动作，这样的手势显得热情而自信。如果你对自己所说的话有很大的把握，可以先将一只手掌心向下向前伸，然后从左向右做一个大的环绕动作，就像你能用手覆盖住要表达的主题一样，这样说明一切尽在你的掌握之中。

密钥

在与他人的相处过程中，如果你希望你所说的话被对方所接受，那么，就应该树立信心，不要妄自菲薄。如此一来，你的身体语言就会像你的说话一样令人信服。通常情况下，我们在进行语言表达的时候，为了辅助语言的表达效果，会适当地增加身体语言，在这时，自信的手势恰好能起到辅助语言表达的效果。所以，在说话的时候，要常用自信的言行，以此彰显自我。

将个性突出，你与别人不一样

在生活中，或许我们会有这样的经历：在学习地理的时候，要记住每个地方的形状、位置等特征真的很难，但你却往往对那些有着显著特征的地方有深刻的记忆。比如，说到法国，你就想到艾菲尔铁塔；说到埃及，你就想到了金字塔。其实，这样的例子很多，所呈现出来的规律是，那些特殊的事物更容易被人们记住。其实，它所涉及的心理效应就是莱斯托夫效应。

莱斯托夫效应的出现与人们的记忆特点有关，人们对于身边的许多事物的记忆都是无意识，简单地说，就是没有自觉地去识记，也没有任何识记的方法，也不需作出任何意志努力去记忆，如此的记忆带着某种偶然性。这就是为什么人们在同一个交际场合认识两位陌生人，他们只会记得其中的一位。因为人们对于自己所接触过的人和事物，并不每次都会记得，他们只会选择那些能引起人浓厚兴趣并能激发人的情感的事物。

心理学家通过研究发现，莱斯托夫效应在人际关系中体现得最为明显。许多人为了让自己能被人们记住，不是在服装上力求新颖，就是在言行上刻意表现。虽然他们所采取的方式不同，但目的只有一个，那就是让别人记住自己。

阿玉的脸绝对算不上最漂亮的，身材也比较平板，但这并不妨碍她成为办公室里最美丽的一道风景线。在办公室里，她是大家公认的最会穿衣服的女人，在很多时候，看她穿衣服其实是一种享受。

阿玉的穿衣哲学是拒绝奢华，她非常鄙夷买名牌，她觉得奢侈的品牌没什么不好，但不容易凸显个性，也容易撞衫。对此，她对大街上那些琳琅满目的品牌并没有特别地喜欢，也不会在意价钱，她认为最重要的是服装本身的价值。穿衣搭配在阿玉这里已经到了不费吹灰之力的程度了，她常常将平价品牌与奢侈品牌一起混搭，穿出自己的个性。

当然，如此有个性的女人人缘自然好了。男同事为了更好地欣赏她，会不时地在工作中帮点小忙；而女同事为了能够学习她的穿衣哲学，常常是帮她做这做那。基本上，办公室里一说到她的名字，那可谓是“无人不知、无人不晓”。

有时候，闪光点也是可以制造的，聪明的阿玉就为自己制造了一个靓丽的闪光点，并且收到了良好的莱斯托夫效应。在面试中，人们总是先看到一个人的长相、身材、服饰等，这会让他们产生一定的心理感受。而在这些东西中，最容易变换、最讲究技巧的就是服饰。如果你要想在办公室里脱颖而出，那么，就着手研究自己的穿衣技巧吧。

那么，我们该如何制造莱斯托夫效应，以此来突出自己的个性呢？

1.以眼神突出自信

在面试时，判断一个人是否有自信，就应该看其眼神。当然，自信的眼神应该是正视对方，面带微笑，目光炯炯，但不咄咄逼人。如果你以自信的眼神与他人对视，那么你必然会从人群中脱颖而出，而对方自然会把你纳入“自信、从容”这一类人。

2.仪态突出优雅

在面试过程中，优雅的行为举止很容易让你显得出类拔萃。如果你拥有良好的修养，那么，你可以不用说话，只需要用行动就能给人们留下较为深刻的印象。在与陌生人打交道的时候，需要不急不徐、落落大方，如此，你自然能被别人记住了。

3.以语言突出幽默风趣

如果你是一个幽默风趣的人，那在面试时，就应该保持最自然的状态，巧妙地将幽默、风趣融入言语中。这样，只需要短短几分钟的接触，你幽默风趣的个性就展露无遗，对方就会记住你了。

4.以行动突出热情

如果你天生就是一个热情的人，那完全没有必要隐藏自己的优点。当你初次与陌生人打交道的时候，你可以主动与对方握手，面带微笑介绍自己。如果对方正处于困境中，需要帮助，那你更需要热情地施以援手。这样，对方就很容易记住你，并且认为你是一个热情友好的人。

密钥

在面试过程中，许多人不知道自己的个性是什么，或许认为自己根本没有个性，这其实是一种错误的想法。每个人都有自己的特色和个性，有的人幽默风趣，有的人热情自信，有的人微笑很甜美，有的人眼睛很动人，有的人穿着很吸引人。只要我们能够善于发现且利用这些优势，它们都能帮助我们取得很好的莱斯托夫效应。

第19章　婚恋沟通，每个人都需要被聆听

生活中，许多不和谐的夫妻之间并非没有沟通，而是采取了不良的沟通方式。其实，夫妻双方都需要理智地沟通，心平气和地沟通，毕竟每个人都渴望被聆听。

静下来，聆听对方的烦恼

在婚恋关系中，在我们提问之前，应该先学会倾听。两个人在一起，不仅仅是分享快乐，还需要分担对方的烦恼，尤其是对于女人而言。也许，有的女人觉得男人并没有什么烦恼，因为他从来没有对自己说过，也没有表现出来。其实，在很多时候，男人学会了隐忍，他们喜欢把烦恼隐藏在心里，表面上显得没有什么事情。因为男子汉的自尊让他们觉得，把自己的烦恼告诉女人是懦弱的表现，所以他们一向在你面前表现得很要强，很少显露出自己的烦恼。即便他偶尔会说出自己心中的烦恼，也害怕得不到你的理解，可能还担心你会取笑他。

虽然我们整天喊着男女平等，实际上并没有真正地实现，这就使得男人们担当了大部分的责任。在父母面前，他是孝顺的儿子；在家里，他既是辛苦工作的一家之主，也是孩子的爸爸。所以，不可避免的，他们的肩膀承担着沉重的巨担，工作上的压力，生活上的压力，让他们经常陷入了烦恼的漩涡之中。作为他身边的女人，有时候很难深入地了解他的心思，但是你的耳朵，是用来倾听的。面对他的烦恼，你不一定需要给予他多少安慰，他最需

要的是一个忠实的倾听者，他并不指望你能替他分担多少烦恼，只需要静静地陪着他，听他的倾诉，当他倾诉完之后，烦恼自然就少了很多。而他也会对你充满感激，至少在他最艰难的时候，是你陪伴他走了过来。

小万和男朋友相恋两年了，很快就要谈婚论嫁了，在双方见了父母之后，已经把婚期纳入了计划之中。可是，小万觉得最近男朋友好像有什么心事，经常一个人坐着不说话，面露难色，问他又不说。小万心里很担心，也不知道他到底在想些什么，认识两年来，还是第一次看到他那种样子。小万越想越着急，真想变成一只虫子飞进去看看，他心里在焦虑什么。

周末，小万好朋友结婚了，小万和男朋友都参加了婚礼。在婚礼现场，小万见到了很多好朋友，一边聊天，一边喝酒。虽然小万与朋友聊得很欢，但她不时地看着男友，发现他正一个人喝闷酒。于是，小万借口自己有事就拉着男友先离开了，两个人坐在出租车里，男友靠着小万的肩膀，几次欲言又止。小王心里虽然着急，但是她并没有开口问，只是静静地坐着。

到家了，小万为男友冲了蜂蜜水，男友好像有些清醒了。他看着小万，眼里满是深情，过了一会儿，他说道："可能今年咱们办不了婚礼了，我老家出了点事情，大哥出车祸了，已经花去了所有的积蓄，连我的存款都给了哥哥做手术，可是，看着你每天憧憬的样子，我觉得不好跟你开口，也不知道怎么跟你父母解释……"男友断断续续说了很多话，小万等他说完了，只说了句："没事，爸妈那边我会说清楚的，现在最要紧的是大哥的伤势，明天我去看看他吧，出了这么大的事情也不告诉我，一个人撑着怎么能行呢。相信我，我们一定会撑过去的，好吗？"男友抱了抱小万，在她耳边说："我怕你担心。"两个人紧紧地抱在一起，此刻，小万觉得自己就是最幸福的女人。

看着被烦恼困扰的男友，小万并没有加以强烈的追问，而是静静地陪着他，等着他告诉自己。虽然自己并不能帮到很大的忙，但是只要认真地倾听，理解了男友心中的苦闷，这就是最大的帮助。对于每一个处于烦恼中的男人来说，自己并不需要什么帮助，只需要你在心里替他分担一些，那就足够了。因为他们足够坚强，能够凭借着你所给的力量振作自己，从烦恼中解脱出来，回归男人的本色。

有时候，可能你会抱怨，他不肯告诉你他的烦恼，你永远也猜不透他在想什么。其实，面对这样的情况，千万不要胡思乱想，他可能是觉得你不是能承受他烦恼的人，或许他觉得说出来会影响到你的心情。如果是这样，那么你不妨先试着告诉他你的烦恼，让彼此慢慢地信任，这样那些烦恼就会成为小事。

密钥

如果他在你面前袒露了自己的烦恼，你需要的就是做一个最忠实的倾听者，做他烦恼时的接收器。男人最需要的就是懂他的女人，能够深入他的心底，了解他心中的喜怒哀乐，明白他的苦衷，他就感到莫大地幸运，对你也会感到格外地珍惜。所以，做一个善于倾听的女人，适时地为他分担烦恼，悄悄地走进他的心里，做他最知心的那一个。

适时鼓励，每个人都有低迷期

每个人都有低迷的时候，有可能是工作上进展得不够顺利，有可能是遇到了一些困难与挫折，有可能正处于人生的低谷时期。当另一半出现低迷的时候，你应该做的，就是给予他适当的鼓励。有的人习惯了指责，面对另一半的失败，不仅不加以安慰，反而变本加厉地指责起来，说一些伤人的话语：“你真是没有出息”“纯粹是一个窝囊废，早知道当初就不嫁给你”“自从跟着你，我就开始倒霉了”……这些杀伤力无穷的话语，无疑是雪上加霜，而你也成了落井下石的那一位。

当另一半遭遇困难的时候，即便是陌生人也会递上一份问候，更何况是你。所以，即使他事业没有什么成就，也不要乱加指责，更不要随意怒骂，这只会使你们之间的感情越来越淡漠。不妨适时鼓励提问：出什么事情了吗？能给我说一说事情的具体经过吗？给予他适当的鼓励，给他信心，让他从困境里走出来。

小路和老公都来自农村，共同的家境让他们有了许多共同语言。认识两年之后，他们就领证结婚了，虽然没有房子，也没有车子，甚至连婚纱照都没有拍，可是小路觉得自己很幸福，因为爱是任何物质都换不来的。

结婚后，老公工作更努力了，虽然没有较高的学历，但他始终努力拼搏，只是为了当初许下的承诺：小路，我会给你一个美好的将来，相信我。小路的爱让他坚信自己一定会成功的，小路也经常鼓励老公："你就是最棒的，总有一天，你会有自己的公司。我相信你，一直甚至是永远，你能做到吗？"其实，并没有等到永远，过了两年，辛苦拼搏的老公赚回了人生的第一桶金，开始自己经营了一家小公司。虽然看起来似乎并不起眼，但小路说："有一天，你会把公司做大的。"在小路的不断鼓励下，老公的公司发展越来越好，没过几年就自己买了房子，买了车子，小公司也做成了大公司。

但是，好景不长，可能是因为经营不善，一些管理方法出现了问题，公司陷入了困境，老公焦虑得晚上睡不好，白天还要去公司处理事情。小路看着着急的老公，心里也很担心，但她还是一如既往地鼓励他："这只是暂时的困难，很快就会过去的，现在可比我们才来城里的时候好得多了，那时候那样艰难我们都熬过来了，何况是现在呢。"老公看着小路认真的脸，笑了。

"我相信你，你能做到吗？"小路在任何时候都没有指责老公，而是一如既往地支持他、鼓励他，不断地给他坚持下去的勇气。在小路的鼓励下，老公取得了一次又一次的成功，从一次次的失败中重新站了起来。每个人的人生路途中，都会遇到种种困难和挫折，面对突如其来的打击，很多人都防不胜防，心理也即将崩溃。这时候，正是需要亲密爱人帮助的时候，没有指责，没有质问，只是一句轻轻的鼓励，只是一个拥抱，只是一个善意的微笑，都足以点起他心中的希望，给他强大的力量。那是重新站起来的力量，是重新获得成功的力量。

小华是一名普通的司机，在一家小公司上班，虽然拿着并不高的薪水，但他认真、踏实，深得老板赏识。小华女朋友在一家广告公司做文员，每天朝九晚五，两个人日子过得很惬意。最近，小华公司的老板经常找到他谈话，有意让他做部门经理。小华刚开始没有当回事，心想怎么会看上他呢，还以为是老板在开玩笑。可是，最近几次，老板找自己谈话的次数越来越多，这让小华感受到了老板的诚意。

这天回家，小华笑着对女朋友说："老板让我做部门经理呢，你觉得怎么样？我觉得做普通司机会简单些，不会那么累。"女朋友一边收拾屋子，一边说："我觉得这是好事情呢，你不可能做司机做一辈子吧，总要有个比较好一点的工作。再说，要学会用脑子挣钱而不是用技能挣钱，我觉得你可以把握好这个机会，你说呢？"小华有点迟疑："可是，做经理心太累了，每天焦虑的事情也很多，到时候也没有多少时间陪你了。"女朋友安慰道："虽然管理工作是比较辛苦，会很累，但也会锻炼你的能力，磨练你的脾气，这从长远来说，真的是一个好机会，你就不用担心我了，我会打理好家里的一切，你只要安心工作就好了。""可是……"小华还在犹豫，女朋友笑着打断他的话："可是什么？至少也是一个小经理啊，比你现在做司机强多了，至少表明你已经在进步了，这就是努力的结果，所以赶紧努力吧。"听了女朋友的话，小华也下定决心了。

面对老板的赏识，内心拿不定主意的小华向女朋友抛出了自己该怎么办的问题。聪慧的女朋友从长远的打算来分析，给出了中肯的答案，她并没有摆出一副弱女子的姿态说“我也不知道怎么办”,或者直接说“你自己看着办吧”，她明白，小华是因为看重她才问她，所以她以鼓励提问，帮助对方度过了迷茫期。

也许，女孩子认为男人那么坚强，是根本不需要鼓励的，只有弱者才会需要鼓励。事实上，无论是强者还是弱者，他都有最脆弱的时候，在他低迷的时候，最需要有个人能给他勇气、信心，能够不断地给他打气，成为他最坚实的后盾。对于男人来说，他们的自尊同样是异常地脆弱，假设你给正处于困境的他一顿责骂，他有可能就真的一蹶不振，甚至破罐子破摔，最终毁灭自己的一生。所以，请在他最需要帮助的时候，用力地拉他一把，适时用鼓励提问去安慰他。无论他成功还是失败，你永远支持他，陪伴着他。

密钥

在婚恋关系中，语言问得巧妙，感情就能适时传入对方内心，同时，对方能感受来自你的体贴与关怀，这对于提升两人之间的感情热度是极有帮助的。

关切询问，给予对方积极的正能量

在婚恋关系中，千万不要忽视自己的言语，它可以完全成就你的另一半。有时候，一个人说出的一句话，就可以改变对方对事情的看法，也会促使其变得更优秀，并产生无比强大的力量。比如，另一半陷入了困境，对他而言，在这时最需要的就是身边人的鼓励。在这个关键时刻，一句关切的询问，一句积极的话语，就可以产生惊人的力量。当然，如果你说了一句打击的话，那就有可能成为杀死男人志气的有力武器。所以，在婚恋关系中，要善于询问，做对方的贴心情人。

刘永好，四川新希望集团董事长，他常说："老婆是我的金钥匙。"在刘永好成功的路上，少不了妻子李巍的言行激励。

有一次，刘永好在街上叫卖鹌鹑蛋，竟然遇到了自己的学生，他尴尬极了，窘迫地将头埋得很低，晚上回到家更是唉声叹气。妻子李巍耐心询问："怎么了？发生什么事情了吗？"

得知事情经过后，李巍并没有数落他没本事，而是鼓励他："抬起头来！甭管别人怎么看怎么想，经商并不下贱，你要相信你自己，知道吗？"听了妻子的一番话，刘永好的心里满是感激，同时也暗暗地下决心：我一定要干出一番事业。

在身边亲戚朋友的帮助下，刘永好的事业开始慢慢起步。为了拓展市场，刘永好不得不连夜加班，若是到了鹌鹑蛋销售的旺季，他几乎每天只睡三四个小时，而且很多时候都是半夜12点之后才回到家。当然，所有的艰辛与汗水换来的是累累硕果，刘永好的事业开始有了起色，几个兄弟合伙成立了新希望集团。为了加速企业发展，他们一致决定：所有的夫人回家相夫教子。

这个决定对于妻子李巍而言有些突然，一下子让自己放弃工作，这并不容易，但李巍还是以自己的行动支持了丈夫的决策。她说："夫妻就是一个共同体，生活就像是在踩跷跷板，一头起来，另一头就要下去。而女人，一定是配合平衡的那一头，这样，感情和日子才能和谐稳定。"于是，她决定让丈夫刘永好去打拼，她所能给予的背后支持就是让他安心回家，给丈夫和儿女一个温馨宁静的港湾。

谈到刘永好，李巍曾说："男人有时候也像个孩子，当他的事业在蹒跚起步或处于困境的时候，他也充满了期盼和犹豫。妻子这个时候更应该像坚强、慈爱的妈妈，在他摔跤的时刻扶起她，牵着他的手，给他最温暖的目光和最灿烂的笑容，一定要鼓励他走好每一步。”在陪伴丈夫刘永好的途中，这位智慧的女人以自己的言行铸就了男人的成功。当丈夫灰心丧气的时候，她用言语进行鼓励：“甭管别人怎么想，抬起头来！只要我相信你就够了，难道不是吗？”

唐骏和孙春蓝结婚后没多久，唐骏获得了美国微软公司所伸出的橄榄枝。这时唐骏很犹豫，到微软意味着要关掉自己的三家公司，躺在产床上的孙春蓝对唐骏说：“我们不是已经意识到，自己的企业任它怎么快速发展，都很难赶超微软吗？微软的奥秘在哪里？要当老板，在美国100美元可以注册一家公司，难道你不想洞悉微软强大的秘密吗？”听了妻子的话，唐骏毅然卖掉公司，进入了微软。

进入微软公司的时候，唐骏只是一个普通的程序员，但他抓住了机会，指出了多语言版本开发的一个问题，技术改进后，他成了开发部门的高级经理。后来，微软采用唐骏的方案，在英文版发布了三个星期以后，就推出了中文版，唐骏的努力为微软公司创造了数额巨大的效益。在微软八年之后，唐骏成为微软大中国区技术中心的总经理。

听到这个消息，孙春蓝整整考虑了一个月，写了一封信，叫丈夫回上海之后再看。到上海之后，他打开妻子的信，在很大的信笺上，却只有两句短语：“你对你的部下能像对女儿唐惟子那样吗？你的公司离好家庭还有多远？”

领悟到妻子话里的含义，唐骏明白了。他开始组织运动会、拓展训练、井冈山之行等，即便是在火车上，他也没忘记团队建设。每位微软员工都在自己的软卧包厢内发现事先放好的，写着“Merry Christmas”的礼物袋，里面有饼干、草莓、杨梅等小食品及矿泉水、湿纸巾、毛巾，甚至牙具等。另外，他们还发现了装饰彩纸、彩笔等各种装饰用品。广播里传出了主持人——微软两位员工的声音，告诉大家现在每节车厢的员工要用手里的东西装饰各自的车厢，然后以唐骏为首的微软中国高层主管们将一一巡视，并评出最有创意奖。

在前进的路上，我们不能否认唐骏所付出的努力以及其拥有的卓越能力，但所不能磨灭的依然是他引领方向的妻子。她一次次铸就唐骏的成功，使得他的人生更有目标，更有计划，最终赢得了自己的整个人生。

密钥

在婚恋关系中，对方难免会有心情不佳的时候。这时作为另一半，应该留心观察，注意对方的情绪变化，适时询问“有什么事情吗？”“今天工作顺利吗？”……假如对方想继续聊，那就适时问下去；假如对方不愿意继续谈下去，那就停止询问，只需要保持安静就好了。等到对方愿意说的时候，再适时询问。

别让追问成为对方的噩梦

在生活中，有的人习惯于喋喋不休地追问另一半，尤其是女人表现特别突出。有的女人习惯性说：“你把这个工作辞了吧，我觉得这个工作对你的事业一点帮助都没有，为什么硬是选择在这里做呢？”还有的女人换了一种方式追问：“你的工作真的要考虑清楚，知道吗？就你现在的工资能养活家里吗？对你未来提升自己有帮助吗？”听了这样的追问，男人只会说：“工作的事情我自己知道操心，你管好你自己就行了。”其实，男人是最讨厌这种说辞的，喋喋不休的追问会给对方造成一种压迫感，而且也在无形之中形成一种噪声。

小杨和男朋友相恋半年了，两人从最初的甜蜜走到了平淡的生活。虽然小杨早就知晓男朋友的处境，但她还是忍不住唠叨："我跟着你，已经算是你的幸运了，你有什么呀，我别的什么都不要求，只希望你能买套房子，然后咱们就结婚，我要求很简单的。"一开始，男朋友还会满怀愧疚地说："你放心，我一定会让你幸福的，就算是我苦点儿累点儿，我也不会让你过苦日子。"

可小杨唠叨的次数多了，男朋友就比较厌烦了。小杨总是抱怨："你现在这样只是安于现状，为什么不换一个工资高一点的工作呢？"男朋友回应说："你说倒是说，工资高的工作也不好找啊，我现在这样踏踏实实上班已经不错了，我也没偷懒。"小杨想到未来，心生黯淡："像你这样，何年何月才能买房子？你让我等到什么时候啊？我真的有点累了，我想找个合适的人结婚了。"一听这话，男朋友生气了："我每天在外面上班已经够累了，回来就听你说这说那，就听你给我提这样的要求，那样的要求。难道这样吵架，就能将房子吵来吗？一生气就说自己想结婚，说了多少次了，你让我心里怎么想，有一天把我逼急了，那你就去结婚吧，我也不管了，我一个人乐得自由自在，为什么你就不能体谅我的心呢？你哪一次关心过我的工作吗？你清楚我内心的真正想法吗？你总是对我提出这样或那样的要求，给了我很大的压力，在这样的情况下，我还能好好工作吗？"

女人对男人喋喋不休地提出要求，不仅仅让男人觉得不够尊重自己，而且还会给男人一种压力。本来，在现在这个社会，男人所面临的压力就比女人大得多，作为男人身边的女人，如果不够理解男人，还要任性地给男人提出许多无理的要求，那只会让男人感到崩溃。大量事实证明，喋喋不休的女人只会成为男人的噩梦。

在老公的眼里，小文什么都好，就是喜欢比较，比较之后就开始抱怨，然后两人就开始吵架。在小文看来，什么都是别人家里的好。她经常在老公面前说的就是："你看别人的老公多体贴，下着这么大的雨，他硬是从城东坐车到城西，接老婆下班回家，你呢，你什么时候去接过我啊？嫁给你真是受委屈了，你说那样的好男人，我怎么没早点遇到呢？”“你看邻居的房子，装修得多有气派，全是欧式的风格，材料用的都是进口的，人家那口子多挣钱。你呢，天天窝在一个发不起工资的单位，别提有多窝囊了”。以前，听到小文的抱怨，老公还会沉默，只是听她唠叨，但听得多了，老公也不服气了，怎么自己就比别人家差了？结果，两人又是一顿大吵。

这天，小文回到家，又是一脸的垂头丧气，她说：“你看咱们公司同事的老公个个都升职加薪了，就阿丽的老公还被派出国进修去了，瞧瞧你，没出息的样子，我当初怎么就选了你这样的男人啊。”坐在沙发上看电视的老公气不打一处来，扔下报纸，回答道：“你除了会抱怨，还会别的吗？你说遇到我这样的人不幸，我看我遇到你这样的人才倒霉，每天在公司已经够累了，回家还听你论这家长那家短的，别人的生活就是那么幸福吗？你亲眼所见吗？我是一个活生生的男人，不是你比较来比较去的什么东西。”说完，摔门而去，小文呆在那里，半天没回过神来。

她一个人坐在客厅，仔细回忆自己的行为，难道自己真的像老公所说的那样，除了抱怨还是抱怨吗？难道羡慕别人的幸福也有错吗？猛然，她想起了同事对自己的夸赞：“小文，我可真羡慕你，儿子聪明伶俐，老公帅气能干，哪像我，虽然老公连连升职加薪，但天天不见人影，这哪是人过的日子呀。”看看自己的家里，温馨整洁，家里的装修全是老公当初一个人设计的，当时自己还狠狠地夸奖了，怎么现在自己就变成这样子了呢？

在某些情境中，追问会变成嘲讽、讥讽，这样往往会严重伤害双方之间的感情。当你在羡慕别人的幸福生活，为什么不与自己相比较呢，看看自己是否越来越好了，是否离自己期望的目标越来越近了。经常给自己鼓励，同时也鼓励身边的男人，你会发现，自己的生活是越过越好。说不定你在羡慕别人幸福的同时，别人也正在羡慕你呢。

密钥

在平时生活中，千万不要将一连串的问题抛给对方，这就相当于一群蜂蜜发出的“嗡嗡”声音，相当嘈杂，令人生厌。而且，稍微不注意询问的语气，就会使这些提问变为嘲讽的问句，对方不仅听不进去，而且还会感到非常生气，最后的结果可想而知，很有可能出现因提问不当而影响双方之间的感情。

参考文献

[1]张飞，王宏坤. 把事做对，把话说好[M].北京：人民邮电出版社，2011.

[2]肖祥银.说话的艺术[M]. 北京：中国华侨出版社，2013.

[3]朱凌，常清. 情商高，就是说话让人舒服[M].延吉：延边大学出版社，2016.